は　じ　め　に

　技能検定は、労働者の有する技能を一定の基準によって検定し、これを公証する国家検定制度であり、技能に対する社会一般の評価を高め、働く人々の技能と地位の向上を図ることを目的として、職業能力開発促進法に基づいて 1959 年（昭和 34 年）から実施されています。

　当研究会では、1975 年（昭和 50 年）から技能検定試験受検者の学習に資するため、過去に出題された学科試験問題（1・2 級）に解説を付して、「学科試験問題解説集」を発行しております。

　このたびさらに、平成 29・30・令和元年度に出題された学科試験問題、ならびに令和元年度の実技試験問題（計画立案等作業試験は平成 29・30・令和元年度を収録）を「技能検定試験問題集（正解表付き）」として発行することになりました。

　本問題集が 1 級・2 級の技能士を目指して技能検定試験を受検される多くの方々にご利用いただき、大きな成果が上がることを祈念いたします。

令和 2 年 9 月

一般社団法人 雇用問題研究会

目　　次

技 能 検 定 の 概 要

1 技能検定試験の等級区分

技能検定試験は合格に必要な技能の程度を等級ごとに次のとおりに区分しています。

特　　級：検定職種ごとの管理者又は監督者が通常有すべき技能及びこれに関する知識の程度

1　　級：検定職種ごとの上級の技能労働者が通常有すべき技能及びこれに関する知識の程度

2　　級：検定職種ごとの中級の技能労働者が通常有すべき技能及びこれに関する知識の程度

3　　級：検定職種ごとの初級の技能労働者が通常有すべき技能及びこれに関する知識の程度

単一等級：検定職種ごとの上級の技能労働者が通常有すべき技能及びこれに関する知識の程度

※これらの他に外国人実習生等を対象とした基礎級があります。

2 検定試験の基準

技能検定は、実技試験及び学科試験によって行われています。

実技試験は、実際に作業などを行わせて、その技量の程度を検定する試験であり、学科試験は、技能の裏付けとなる知識について行う試験です。

実技試験及び学科試験は、検定職種の等級ごとに、それぞれの試験科目及びその範囲が職業能力開発促進法施行規則により、また、その具体的な細目が厚生労働省職業能力開発局長通達により定められています。

(1) 実技試験

実技試験は、実際に作業（物の製作、組立て、調整など）を行わせて試験する、製作等作業試験が中心となっており、検定職種の大部分のものについては、その課題が試験日に先立って公表されています。

試験時間は、1級、2級及び単一等級については原則として5時間以内、3級については3時間以内が標準となっています。

また、検定職種によっては、製作等作業試験の他、実際的な能力を試験するため、次のような判断等試験又は計画立案等作業試験が併用されることがあります。

① 判断等試験

　判断等試験は、製作等作業試験のみでは技能評価が困難な場合又は検定職種の性格や試験実施技術等の事情により製作等作業試験の実施が困難な場合に用いられるもので、例えば技能者として体得していなければならない基本的な技能について、原材料、模型、写真などを受検者に提示し、判別、判断などを行わせ、その技能を評価する試験です。

② 計画立案等作業試験

　製作等作業試験、判断等試験の一方又は双方でも技能評価が不足する場合に用いられるもので、現場における実際的、応用的な課題を、表、グラフ、文章などにより設問したものを受検者に提示し、計算、計画立案、予測などを行わせることにより技能の程度を評価する試験です。

(2) 学科試験

　学科試験は、単に学問的な知識を試験するものではなく、作業の遂行に必要な正しい判断力及び知識の有無を判定することに主眼がおかれています。また、それぞれの等級における試験の概要は次表のとおりです。

　この中で、真偽法は一つの問題文の正誤を回答する形式であり、五肢択一法及び四肢択一法は一つの問題文について複数の選択肢の中から一つを選択して回答する形式です。

　■学科試験の概要

等級区分	試験の形式	問題数	試験時間
特　　級	五肢択一法	50 題	2 時間
1　　級	真偽法及び四肢択一法	50 題	1 時間 40 分
2　　級	真偽法及び四肢択一法	50 題	1 時間 40 分
3　　級	真偽法	30 題	1 時間
単一等級	真偽法及び四肢択一法	50 題	1 時間 40 分

3　技能検定の受検資格

　技能検定を受検するには、原則として検定職種に関する実務の経験が必要で、その年数は職業訓練歴、学歴等により異なっています（別表1参照）。

　この実務の経験の範囲には、現場での作業のみならず管理、監督、訓練、教育及び研究の業務や訓練又は教育を受けた期間が含まれます。

4　試験の実施日程

技能検定試験は職種ごとに前期、後期に分かれていますが、日程の概要は次のとおりです。

項	前　期	後　期
受付期間	4月上旬～中旬	10月上旬～中旬
実技試験	6月上旬～9月上旬	12月上旬～翌年2月中旬
学科試験	8月下旬～9月上旬の日曜日 3級は7月中旬～下旬の日曜日	翌年1月下旬～2月上旬の日曜日
合格発表	10月上旬、3級は8月下旬	翌年3月中旬

※日程の詳細については都道府県職業能力開発協会（連絡先等は別表2参照）にお問い合わせ下さい。

5　技能検定の実施体制

技能検定は厚生労働大臣が定めた、実施計画に基づいて行うものですが、その実施業務は、厚生労働大臣、都道府県知事、中央職業能力開発協会、都道府県職業能力開発協会等の間で分担されており、受検の受付及び試験の実施については、都道府県職業能力開発協会が行っています。

6　技能検定試験受検手数料

技能検定試験の受検手数料は「実技試験：18,200円」及び「学科試験：3,100円」を標準額として、職種ごとに各都道府県で決定しています（令和2年4月1日現在、都道府県知事が実施する111職種）。

なお、35歳未満の方は、2級又は3級の実技試験の受検手数料が最大9,000円減額されます。詳しくは都道府県職業能力開発協会にお問い合わせ下さい。

7　技能検定の合格者

技能検定の合格者には、厚生労働大臣名（特級、1級、単一等級）又は都道府県知事名等（2級、3級）の合格証明が交付され、技能士と称することができます。

別表1

技能検定の受検に必要な実務経験年数一覧
（都道府県知事が実施する検定職種）

（単位：年）

受検対象者 （※1）	特級 1級合格後	1級	1級 2級合格後	1級 3級合格後	2級	2級 3級合格後	3級 （※7）	基礎級 （※7）	単一等級
実務経験のみ		7			2		0 ※8	0 ※8	3
専門高校卒業 ※2 専修学校（大学入学資格付与課程に限る）卒業		6			0		0	0	1
短大・高専・高校専攻科卒業 ※2 専門職大学前期課程修了 専修学校（大学編入資格付与課程に限る）卒業		5			0		0	0	0
大学卒業（専門大学前期課程修了者を除く）※2 専修学校（大学院入学資格付与課程に限る）卒業		4			0		0	0	0
専修学校 ※3 又は各種学校卒業（厚生労働大臣が指定したものに限る。）　800時間以上	5	6	2	4	0	0	0 ※9	0 ※9	1
〃　　1600時間以上		5			0		0 ※9	0 ※9	1
〃　　3200時間以上		4			0		0 ※9	0 ※9	0
短期課程の普通職業訓練修了 ※4 ※10　700時間以上		6			0		0 ※6	0 ※6	1
普通課程の普通職業訓練修了 ※4 ※10　2800時間未満		5			0		0	0	0
〃　　2800時間以上		4			0		0	0	0
専門課程又は特定専門課程の高度職業訓練修了 ※4 ※10		3	1	2	0				
応用課程又は特定応用課程の高度職業訓練修了 ※10		1			0				
長期課程又は短期養成課程の指導員訓練修了 ※10		1 ※5			0 ※5				
職業訓練指導員免許取得		1							
長期養成課程の指導員訓練修了 ※10		0			0				

※ 1：検定職種に関する学科、訓練科又は免許職種に限る。

※ 2：学校教育法による大学、短期大学又は高等学校と同等以上と認められる外国の学校又は他法令学校を卒業した者並びに独立行政法人大学改革支援・学位授与機構により学士の学位を授与された者は学校教育法に基づくそれぞれのものに準ずる。

※ 3：大学入学資格付与課程、大学編入資格付与課程及び大学院入学資格付与課程の専修学校を除く。

※ 4：職業訓練法の一部を改正する法律（昭和53年法律第40号）の施行前に、改正前の職業訓練法に基づく高等訓練課程又は特別高等訓練課程の養成訓練を修了した者は、それぞれ改正後の職業能力開発促進法に基づく普通課程の普通職業訓練又は専門課程の高度職業訓練を修了したものとみなす。また、職業能力開発促進法の一部を改正する法律（平成4年法律第67号）の施行前に、改正前の職業能力開発促進法に基づく専門課程の養成訓練を修了した者は、専門課程の高度職業訓練を修了したものとみなし、改正前の職業能力開発促進法に基づく普通課程の養成訓練又は職業転換課程の能力再開発訓練（いずれも800時間以上のものに限る。）を修了した者はそれぞれ改正後の職業能力開発促進法に基づく普通課程の普通職業訓練又は短期課程の普通職業訓練を修了したものとみなす。

※ 5：短期養成課程の指導員訓練のうち、実務経験者訓練技法習得コースの修了者については、訓練修了後に行われる能力審査（職業訓練指導員試験に合格した者と同等以上の能力を有すると職業能力開発総合大学校の長が認める審査）に合格しているものに限る。

※ 6：総訓練時間が700時間未満のものを含む。

※ 7：3級及び基礎級の技能検定については、上記のほか、検定職種に関する学科に在学する者及び検定職種に関する訓練科において職業訓練を受けている者も受検できる。また、3級の技能検定については工業高等学校に在学する者であって、かつ、工業高等学校の教員である者について、当該講習の責任者から技能検定試験受検に際して安全衛生上の問題等がないと判定されたものも受検できる。

※ 8：検定職種に関し実務の経験を有する者について、受検資格を認めることとする。

※ 9：当該学校が厚生労働大臣の指定を受けたものであるか否かに関わらず、受検資格を付与する。

※10：職業能力開発促進法第92条に規定する職業訓練又は指導員訓練に準ずる訓練の修了者においても、修了した職業訓練又は指導員訓練の訓練課程に応じ、受検資格を付与する。

別表2　　都道府県及び中央職業能力開発協会所在地一覧

（令和2年4月現在）

協　会　名	郵便番号	所　在　地	電話番号
北海道職業能力開発協会	003-0005	札幌市白石区東札幌5条1-1-2　北海道立職業能力開発支援センター内	011-825-2386
青森県職業能力開発協会	030-0122	青森市大字野尻字今田43-1　青森県立青森高等技術専門校内	017-738-5561
岩手県職業能力開発協会	028-3615	紫波郡矢巾町大字南矢幅10-3-1　岩手県立産業技術短期大学校内	019-613-4620
宮城県職業能力開発協会	981-0916	仙台市青葉区青葉町16-1	022-271-9917
秋田県職業能力開発協会	010-1601	秋田市向浜1-2-1　秋田県職業訓練センター内	018-862-3510
山形県職業能力開発協会	990-2473	山形市松栄2-2-1	023-644-8562
福島県職業能力開発協会	960-8043	福島市中町8-2　福島県自治会館5階	024-525-8681
茨城県職業能力開発協会	310-0005	水戸市水府町864-4　茨城県職業人材育成センター内	029-221-8647
栃木県職業能力開発協会	320-0032	宇都宮市昭和1-3-10　栃木県庁舎西別館	028-643-7002
群馬県職業能力開発協会	372-0801	伊勢崎市宮子町1211-1	0270-23-7761
埼玉県職業能力開発協会	330-0074	さいたま市浦和区北浦和5-6-5　埼玉県浦和合同庁舎5階	048-829-2802
千葉県職業能力開発協会	261-0026	千葉市美浜区幕張西4-1-10	043-296-1150
東京都職業能力開発協会	102-8113	千代田区飯田橋3-10-3　東京しごとセンター7階	03-5211-2353
神奈川県職業能力開発協会	231-0026	横浜市中区寿町1-4　かながわ労働プラザ6階	045-633-5419
新潟県職業能力開発協会	950-0965	新潟市中央区新光町15-2　新潟県公社総合ビル4階	025-283-2155
富山県職業能力開発協会	930-0094	富山市安住町7-18　安住町第一生命ビル2階	076-432-9887
石川県職業能力開発協会	920-0862	金沢市芳斉1-15-15　石川県職業能力開発プラザ3階	076-262-9020
福井県職業能力開発協会	910-0003	福井市松本3-16-10　福井県職員会館ビル4階	0776-27-6360
山梨県職業能力開発協会	400-0055	甲府市大津町2130-2	055-243-4916
長野県職業能力開発協会	380-0836	長野市大字南長野南県町688-2　長野県婦人会館3階	026-234-9050
岐阜県職業能力開発協会	509-0109	各務原市テクノプラザ1-18　岐阜県人材開発支援センター内	058-260-8686
静岡県職業能力開発協会	424-0881	静岡市清水区楠160	054-345-9377
愛知県職業能力開発協会	451-0035	名古屋市西区浅間2-3-14　愛知県職業訓練会館内	052-524-2034
三重県職業能力開発協会	514-0004	津市栄町1-954　三重県栄町庁舎4階	059-228-2732
滋賀県職業能力開発協会	520-0865	大津市南郷5-2-14	077-533-0850
京都府職業能力開発協会	612-8416	京都市伏見区竹田流池町121-3　京都府立京都高等技術専門校内	075-642-5075
大阪府職業能力開発協会	550-0011	大阪市西区阿波座2-1-1　大阪本町西第一ビルディング6階	06-6534-7510
兵庫県職業能力開発協会	650-0011	神戸市中央区下山手通6-3-30　兵庫勤労福祉センター1階	078-371-2091
奈良県職業能力開発協会	630-8213	奈良市登大路町38-1　奈良県中小企業会館2階	0742-24-4127
和歌山県職業能力開発協会	640-8272	和歌山市砂山南3-3-38　和歌山技能センター内	073-425-4555
鳥取県職業能力開発協会	680-0845	鳥取市富安2-159　久本ビル5階	0857-22-3494
島根県職業能力開発協会	690-0048	松江市西嫁島1-4-5　SPビル2階	0852-23-1755
岡山県職業能力開発協会	700-0824	岡山市北区内山下2-3-10　アマノビル3階	086-225-1547
広島県職業能力開発協会	730-0052	広島市中区千田町3-7-47　広島県情報プラザ5階	082-245-4020
山口県職業能力開発協会	753-0051	山口市旭通り2-9-19　山口建設ビル3階	083-922-8646
徳島県職業能力開発協会	770-8006	徳島市新浜町1-1-7	088-663-2316
香川県職業能力開発協会	761-8031	高松市郷東町587-1　地域職業訓練センター内	087-882-2854
愛媛県職業能力開発協会	791-1101	松山市久米窪田町487-2　愛媛県産業技術研究所　管理棟2階	089-993-7301
高知県職業能力開発協会	781-5101	高知市布師田3992-4	088-846-2300
福岡県職業能力開発協会	813-0044	福岡市東区千早5-3-1　福岡人材開発センター2階	092-671-1238
佐賀県職業能力開発協会	840-0814	佐賀市成章町1-15	0952-24-6408
長崎県職業能力開発協会	851-2127	西彼杵郡長与町高田郷547-21	095-894-9971
熊本県職業能力開発協会	861-2202	上益城郡益城町田原2081-10　電子応用機械技術研究所内	096-285-5818
大分県職業能力開発協会	870-1141	大分市大字下宗方字古川1035-1　大分職業訓練センター内	097-542-3651
宮崎県職業能力開発協会	889-2155	宮崎市学園木花台西2-4-3	0985-58-1570
鹿児島県職業能力開発協会	892-0836	鹿児島市錦江町9-14	099-226-3240
沖縄県職業能力開発協会	900-0036	那覇市西3-14-1	098-862-4278
中央職業能力開発協会	160-8327	新宿区西新宿7-5-25　西新宿プライムスクエア11階	03-6758-2859

建築大工

実技試験問題

令和元年度 技能検定
2級 建築大工(大工工事作業)
実技試験問題

　次の注意事項、仕様及び課題図に従って、現寸図の作成、木ごしらえ、墨付け及び加工組立てを行いなさい。

1　試験時間

　　標準時間　　　5時間30分
　　打切り時間　　5時間45分

2　注意事項

　(1)　支給された材料の品名、数量等が「4 支給材料」に示すとおりであることを確認すること。

　(2)　支給された材料に異常がある場合は、申し出ること。

　(3)　試験開始後は、原則として支給材料の再支給をしない。

　(4)　使用工具等は、使用工具等一覧表で指定した以外のものは使用しないこと。

　(5)　試験中は、工具等の貸し借りを禁止する。

　(6)　作業時の服装等は、作業に適したものであること。

　(7)　標準時間を超えて作業を行った場合は、超過時間に応じて減点される。

　(8)　作業が終了したら、技能検定委員に申し出ること。

　(9)　提出する現寸図及び製品(墨付け工程において提出が指示された部材)には、受検番号を記載すること。

　(10)　現寸図が完成したら提出し、木ごしらえに移ること。

　(11)　柱は、所定のくせを取った後、墨付けをして提出検査を受けること。

　(12)　**この問題には、事前に書込みをしないこと。また、試験中は、持参した他の用紙にメモをしたものや参考書等を参照することは禁止とする。**

　(13)　試験場内で、携帯電話(電卓機能の使用を含む。)等の使用は禁止とする。

3　仕様

<作業順序>

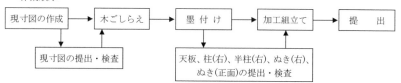

<指定部材の墨付け提出順序>　提出順序は、厳守すること。

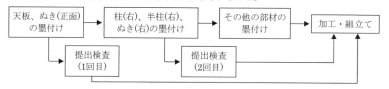

(1)　現寸図の作成

　　現寸図は、用紙を横に使用し、下図に示す天板平面図(1/2)、正面図(右側1/2)、側面図、右柱展開図(4面)及び基本図を作成し、提出検査を受けること。また、提出した現寸図は、検査終了後に返却するが、検査中は、次の工程(木ごしらえ)に移ってもよいものとする。

　　なお、下図は配置参考図であるが、受検番号については下図のとおり右下に書くこと。また、その他製品の作成に受検者自身で必要と思われるものを描いても差し支えないものとする。

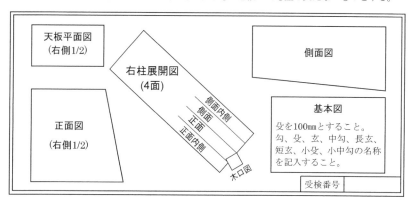

(2)　木ごしらえ

　イ　部材の仕上がり寸法は、次のとおりとすること。

（単位 mm）

部材名	仕上がり寸法 （幅×成）	部材名	仕上がり寸法 （幅×成）
天板	160×30	ぬき(正面)	60×30
柱	現寸図による	ぬき(左右)	30×50
半柱	現寸図による	つなぎ	20×20

ロ　柱のくせは、現寸図によって木ごしらえをすること。

ハ　かんな仕上げは、中しこ仕上げとすること。

ニ　柱を除く部材は、直角に仕上げること。

ホ　半柱は、現寸図によって木ごしらえすること。

(3)　墨付け

イ　加工組立てに必要な墨はすべて付け、墨つぼ及び墨さしで仕上げること。

ロ　けびきによる線の上から墨付けを行うことは禁止とする。（芯墨のマーキングのみ可）

ハ　平勾配は、3.5/10勾配とすること。

ニ　柱、半柱には芯墨を入れること。（材幅芯は墨打ちとする。）

ホ　各ぬきのほぞ穴墨(課題図参照)を入れること。

ヘ　柱は、展開図に基づき墨付けをすること。

ト　各取合いは、平面図及び側面図に基づき墨付けをすること。

(4)　加工組立て

イ　加工組立ての順序は、受検者の任意とすること。

ロ　加工組立ては、課題図に示すとおりに行うこと。

ハ　各取合いは、課題図のとおりとすること。

ニ　取合い部を除くすべての木口は、かんな仕上げ、面取りはすべて糸面とする。

ホ　天板は、半柱の側面より各1本の釘で固定すること。つなぎは、左右のぬきほぞに各1本の釘で固定すること。

ヘ　埋木等は行わないこと。

(5)　作品は、墨を消して仕上げた状態で提出すること。

4　支給材料

（単位：mm）

品　名	寸法又は規格	数量	備　考
天　板	480×161.5×31.5	1	
柱	630×51.5×51.5	2	
半　柱	600×49×31.5	2	
ぬき(正面)	550×61.5×31.5	1	
ぬき(左右)	300×51.5×31.5	2	
つなぎ	500×21.5×21.5	1	
く　ぎ	N-50	9	天板－半柱2本 半柱－つなぎ2本 削り台用5本
現寸図作成用紙	ケント紙(788×1091)	1	
メ　モ　用　紙		1	

2級 建築大工実技試験 使用工具等一覧表

1 受検者が持参するもの

品　名	寸法又は規格	数量	備　考
さ し が ね	小、大	各1	
墨　さ　し		適宜	
墨　つ　ぼ		適宜	黒墨のものとする
か ん な	荒、中、仕上げ	適宜	
の　　み		適宜	
の こ ぎ り		適宜	
コードレスドリル（インパクトドリルも可）	きりの本数及び太さは適宜	1	穴掘り、きり用
げ ん の う	小、大	適宜	
あ て 木		1	あて木として以外の使用は不可とする
か じ や（バール）		1	
け び き		適宜	固定したものは不可とする
まきがね(スコヤ)		1	
く ぎ し め		1	
は ね む し		1	くぎでもよい
三 角 定 規		適宜	勾配定規は不可とする
直 定 規	1m程度	1	
自 由 が ね		適宜	固定したものは不可とする　勾配目盛り付きのものは不可とする
電子式卓上計算機	電池式(太陽電池式含む)	1	関数電卓不可
鉛筆及び消しゴム		適宜	シャープペンシルも可
し ら が き		1	カッターナイフも可
養 生 類	タオル、すべり止め等	適宜	持参は任意とする
作 業 服 等		一式	大工作業に適したもの　上履き含む
飲 料		適宜	水分補給用

（注）　1.　使用工具等は、上記のものに限るが、すべてを用意しなくてもよく、また、同一種類のものを予備として持参することはさしつかえない。ただし、予備については、破損時等のみ使用できるものとする。
　　　　2.　「飲料」については、各自で試験会場の状況や天候等を考慮の上、持参すること。

2 試験場に準備されているもの
　　（数量は、特にことわりがない場合は、受検者1名当たりの数量とする。）

（単位：mm）

品　名	寸法又は規格	数量	備　考
削 り 台		1	
現寸図作成用下敷		1	厚さ、大きさは適宜
作 業 台	300×105×105程度	2	
清 掃 道 具		適宜	
バ ケ ツ		適宜	水を入れておく

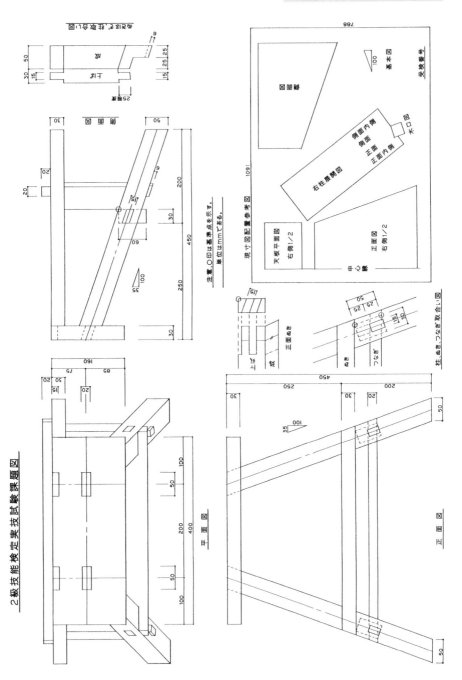

2級技能検定実技試験課題図

A 3 判を 45% に縮小してあります

－ 16 －

令和元年度 技能検定
1級 建築大工（大工工事作業）
実技試験問題

　次の注意事項、仕様及び課題図に従って、現寸図の作成、木ごしらえ、墨付け及び加工組立てを行いなさい。

1　試験時間
　　標準時間　　　5時間30分
　　打切り時間　　5時間45分

2　注意事項
　　(1)　支給された材料の品名、数量等が「4 支給材料」に示すとおりであることを確認すること。
　　(2)　支給された材料に異常がある場合は、申し出ること。
　　(3)　試験開始後は、原則として支給材料の再支給をしない。
　　(4)　使用工具等は、使用工具等一覧表で指定した以外のものは使用しないこと。
　　(5)　試験中は、工具等の貸し借りを禁止する。
　　(6)　作業時の服装等は、作業に適したものであること。
　　(7)　標準時間を超えて作業を行った場合は、超過時間に応じて減点される。
　　(8)　作業が終了したら、技能検定委員に申し出ること。
　　(9)　提出する現寸図及び製品(墨付け工程において提出が指示された部材)には、受検番号を記載すること。
　　(10)　現寸図が完成したら提出し、木ごしらえに移ること。
　　(11)　振隅木は、所定のくせを取った後、墨付けをして提出検査を受けること。
　　(12)　**この問題には、事前に書込みをしないこと。また、試験中は、持参した他の用紙にメモをしたものや参考書等を参照することは禁止とする。**
　　(13)　試験場内で、携帯電話(電卓機能の使用を含む。)等の使用は禁止とする。

3 仕様

<作業順序>

(1) 現寸図の作成

　　現寸図は、用紙を横に使用し、下図に示す振隅木平面図、振隅木展開図(4面)及び配付たる木展開図(2面)を作成し、提出検査を受けること。また、提出した現寸図は、検査終了後に返却するが、検査中は、次の工程(木ごしらえ)に移ってもよいものとする。

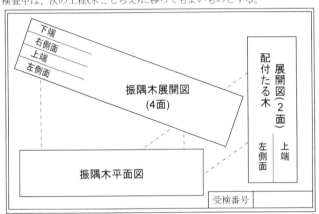

(2) 木ごしらえ

　イ　部材の仕上がり寸法は、次のとおりとすること。

(単位：mm)

番号	部材名	仕上がり寸法 (幅×成)	番号	部材名	仕上がり寸法 (幅×成)
①	柱	60×60	⑦	配付たる木	32×(現寸図による)
②	は　　り	60×60	⑧	広　小　舞	50×20
③	桁	60×70	⑨	火　　打	50×20
④	桁	60×70	⑩	つ　な　ぎ	20×20
⑤	振　隅　木	50×70	⑪	飼木(ねこ)	60×70
⑥	平　た　木	32×40			

　ロ　振隅木は、山勾配に削って木ごしらえをすること。

　ハ　かんな仕上げは、中しこ仕上げとすること。

　ニ　配付たる木は、現寸図によって木ごしらえをすること。

　ホ　振隅木上端以外の部材は、直角に仕上げること。

　ヘ　振隅木上端角(とかど)を除く部材は、糸面取りとすること。

　ト　飼木(ねこ)及びつなぎは、ひとかんな仕上げとすること。

(3) 墨付け

イ　加工組立てに必要な墨はすべて付け、墨つぼ及び墨さしを使用して仕上げること。

ロ　けびきによる線の上から墨付けを行うことは禁止とする。ただし、芯墨を打つため、部材の両端にマーキングを行う場合のみ、けびきの使用を認める。

ハ　各部材とも芯墨は、墨打ちとし、上端及び下端とも残しておくこと。

　　なお、柱には、4面とも芯墨を残しておくこと。

ニ　平たる木勾配を、6/10勾配とすること。

　　なお、平たる木鼻は直角とし、振隅木及び配付たる木は、平たる木にあわせ、投墨を入れること。

ホ　桁上端から左右8mm上がりを峠とし、課題図に基づき墨を入れること。

ヘ　桁には、上端及び下端の芯墨、振隅木及び各たる木の位置墨を入れること。

　　なお、はりとの取合い墨は、あり落としとすること。

ト　桁と桁との取合い墨は、ねじ組み（③桁の振隅木落掛り勾配の1/2）とし、詳細図に基づき墨付けすること。

チ　柱には、芯墨及び峠墨を入れること。

リ　柱には、振隅木のほぞ墨（短ほぞ）及びはりのほぞ墨（打抜き小根ほぞ）を入れること。

ヌ　はりには、上端及び下端の芯墨、桁との取合い墨を入れること。

ル　振隅木は、上端及び下端の芯墨、柱、桁及び配付たる木の取合い墨を入れ、上端には、たすき墨、馬乗り墨及び左右広小舞取合い墨を入れること。また、桁内掛けは、桁上端とすること。

　　なお、側面には、入中、出中、本中墨、たる木下端墨及び峠墨を入れることとし、左右たる木下端で桁に仕掛けること。

ヲ　配付たる木は、展開図に基づき墨付けをすることとし、上端及び下端に芯墨、桁芯墨及び広小舞取合い墨を入れること。

　　なお、配付たる木と振隅木との取合いは、短ほぞ（成1/2）とし、課題図に基づき墨付けをすること。

ワ　平たる木は、上端及び下端に芯墨、桁芯墨を入れること。

　　なお、平たる木と振隅木及び柱の取合いは、突き付け（げんぞう）とすること。

カ　火打は、芯墨及び桁取合い墨を入れること。

ヨ　広小舞は、振隅木及び平たる木の取合い墨、桁芯墨を入れること。

タ　つなぎ及び飼木（ねこ）は、課題図に基づき墨付けをすること。

レ　桁(2本)、柱、火打、振隅木及び配付たる木は、墨付け終了後、提出検査を受けること。

　　なお、提出は、2回に分けて行い、1回目に桁(2本)、柱及び火打、2回目に振隅木及び配付たる木を提出すること。また、提出した部材は、検査終了後に返却するが、検査中は、次の工程に移ってもよいものとする。

<指定部材の墨付け提出順序>　提出順序は、厳守すること。

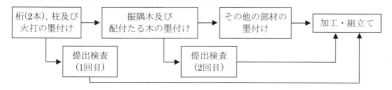

(4) 加工組立て

 イ　加工組立ての順序は、受検者の任意とすること。

 ロ　加工組立て及び各所の取合いは、課題図に示すとおりに行うこと。

 ハ　桁と桁との取合い及び桁と振隅木との取合いは、課題図のとおりとすること。

 ニ　はりと桁との取合い及びはりと柱との取合いは、課題図のとおりとすること。

 ホ　振隅木と各たる木の取合い及び広小舞の取合いは、課題図のとおりとすること。

 ヘ　すべての木口は、かんな仕上げ、面取りとすること。

 ト　飼木(ねこ)は、課題図のとおり3箇所とし、それぞれ木口から2本のくぎで固定すること。

(5) 作品は、各部材をくぎ止めとし(打ち掛けとしない)、組み上がった状態で提出すること。
　　なお、各部材のくぎ止めについては、下記によること。また、振隅木と桁は、くぎ2本で止め、
　それ以外は1本止めとする。

 ○桁に、上端からくぎ止めする部材　　　　　　　　　　振隅木、各たる木、火打、つなぎ

 ○振隅木及び平たる木に、上端からくぎ止めする部材　　広小舞

 ○柱に、側面からくぎ止めする部材　　　　　　　　　　振隅木、平たる木、つなぎ

4　支給材料

(単位：mm)

番号	品　　名	寸法又は規格	数量	備　　考
①	柱	650×61.5×61.5	1	
②	は　　り	550×61.5×61.5	1	
③	桁	600×61.5×71.5	1	
④	桁	700×61.5×71.5	1	
⑤	振　隅　木	850×51.5×71.5	1	
⑥	平 た る 木	750×33.5×41.5	1	
⑦	配 付 た る 木	550×33.5×38	1	
⑧	広　小　舞	600×51.5×21.5	1	
⑨	火　　打	450×51.5×21.5	1	
⑩	つ　な　ぎ	450×20×20	1	
⑪	飼 木 (ね こ)	450×60×70	1	切り使いとする
⑫	く　　ぎ	50	17	桁－火打、つなぎ、飼木(ねこ) 柱－つなぎ 振隅木、平たる木－広小舞 削り台用(5本)
⑬		65	4	桁－各たる木 柱－振隅木、平たる木
⑭		75	2	桁－振隅木
⑮	現寸図作成用紙	ケント紙(788×1091)	1	
⑯	メ　モ　用　紙		1	

1級 建築大工実技試験 使用工具等一覧表

1 受検者が持参するもの

品 名	寸法又は規格	数量	備 考
さ し が ね	小、大	各1	
墨 さ し		適宜	
墨 つ ぼ		適宜	黒墨のものとする
か ん な	荒、中、仕上げ	適宜	
の み		適宜	
の こ ぎ り		適宜	
コードレスドリル（インパクトドリルも可）	きりの本数及び太さは適宜	1	穴掘り、きり用
ちょうな（よき）		1	持参は任意とする
げ ん の う	小、大	適宜	
あ て 木		1	あて木として以外の使用は不可とする
かじや（バール）		1	
け び き		適宜	固定したものは不可とする
まきがね（スコヤ）		1	
く ぎ し め		1	
は ね む し		1	くぎでもよい
三 角 定 規		適宜	勾配定規は不可とする
直 定 規	1m程度	1	
自 由 が ね		適宜	固定したものは不可とする 勾配目盛り付きのものは不可とする
電子式卓上計算機	電池式（太陽電池式含む）	1	関数電卓不可
鉛筆及び消しゴム		適宜	シャープペンシルも可
し ら が き		1	カッターナイフも可
養 生 類	タオル、すべり止め等	適宜	持参は任意とする
作 業 服 等		一式	大工作業に適したもの 上履き含む
飲 料		適宜	水分補給用

(注)1. 使用工具等は、上記のものに限るが、すべてを用意しなくてもよく、また、同一種類のものを予備として持参することはさしつかえない。ただし、予備については、破損時等のみ使用できるものとする。
　　2. 「飲料」については、各自で試験会場の状況や天候等を考慮の上、持参すること。

2 試験場に準備されているもの
（数量は、特にことわりがない場合は、受検者1名当たりの数量とする。）

(単位：mm)

品 名	寸法又は規格	数量	備 考
削 り 台		1	
現 寸 図 作 成 用 下 敷		1	厚さ、大きさは適宜
作 業 台	300×105×105程度	2	
清 掃 道 具		適宜	
バ ケ ツ		適宜	水を入れておく

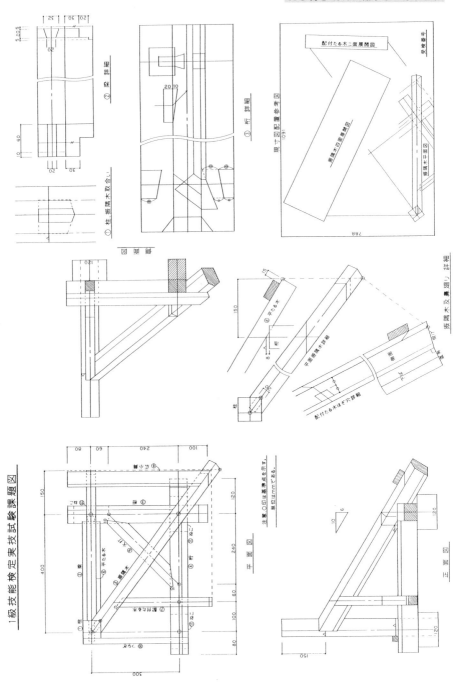

A３判を45%に縮小してあります

1級技能検定実技試験課題図

－22－

建築大工

学科試験問題

令和元年度 技能検定
2級 建築大工 学科試験問題
（大工工事作業）

1. 試験時間　1時間40分
2. 問題数　50題(A群25題、B群25題)
3. 注意事項
   （1）　係員の指示があるまで、この表紙はあけないでください。
   （2）　答案用紙(真偽法と多肢択一法の併用)に検定職種名、作業名、級別、受検番号、氏名を必ず記入してください。
   （3）　係員の指示に従って、問題数を確かめてください。それらに異常がある場合は、黙って手を挙げてください。問題はA群(真偽法)とB群(多肢択一法)とに分かれています。
   （4）　試験開始の合図で始めてください。
   （5）　解答の方法(真偽法と多肢択一法の併用)は次のとおりです。
   　　　イ．　A群の問題(真偽法)は、一つ一つの問題の内容が正しいか、誤っているかを判断して解答してください。
   　　　ロ．　B群の問題(多肢択一法)は、正解と思うものを一つだけ選んで、解答してください。二つ以上に解答した場合は誤答となります。
   　　　ハ．　答案用紙(マークシート用紙)へ解答する際は、答案用紙に記載されている注意事項に従ってください。
   　　　ニ．　答案用紙の解答欄は、A群の問題とB群の問題とでは異なります。所定の解答欄に、試験問題の題数に応じて解答してください。解答欄はA群は50題まで、B群は25題まで解答できるようになっています。
   （6）　電子式卓上計算機その他これと同等の機能を有するものは、使用してはいけません。
   （7）　携帯電話等は、使用してはいけません。
   （8）　試験中、質問があるときは、黙って手を挙げてください。ただし、試験問題の内容、漢字の読み方等に関する質問にはお答えできません。
   （9）　試験終了時刻前に解答ができあがった場合は、黙って手を挙げて、係員の指示に従ってください。
   （10）　試験中に手洗いに立ちたいときは、黙って手を挙げて、係員の指示に従ってください。
   （11）　試験終了の合図があったら、筆記用具を置き、係員の指示に従ってください。

［A群(真偽法)］

1　在来軸組構法は、木材で組んだ枠に、合板などを打ち付けた床枠組や壁枠組を組み
　　立てて一体化する構造である。

2　洋小屋組には、キングポストトラス、クイーンポストトラス等がある。

3　下図に示す基礎は、布基礎である。

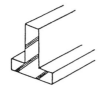

4　RC造とは、鉄骨造のことである。

5　下図のように、隅木の右側面と右上端桁芯との交点を入中という。

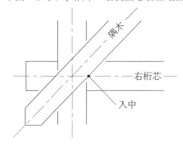

6　長玄と中勾が同じ長さの場合は、短玄も同じ長さになる。

7　下図は、配付けたる木の上端切墨を表したものである。

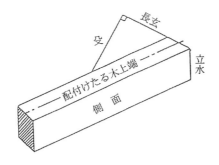

[A群(真偽法)]

8 下図に示す四方転びの貫の上端胴付は、短玄返し勾配である。

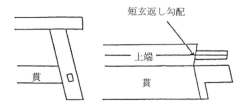

9 手押しかんな盤で小さな木材を加工する場合は、安全カバーをしなくてもよい。

10 かんな刃の裏押しは、金盤に金剛砂をしき、常に水を加えながら行うとよい。

11 工事に使用する工程表の作成に当たり、天候は考慮しなくてもよい。

12 仮設事務所を建築する場合は、主体工事の規模、内容、敷地条件等に関係なく行ってもよい。

13 水盛り・遣方に使用する水貫は、水杭に印した水平墨に合わせて取り付ける。

14 水盛り・遣方において、芯墨を出す場合は、トランシット(セオドライト)を使用する。

15 鉄筋に取り付けるスペーサなどは、コンクリートの打込み時に、移動しないようにしなければならない。

16 柱と敷居の取合いの一つに、一方を目違い入れ、他方を横せん打ちとする方法がある。

17 柱に背割りをする目的の一つは、見付面の割れを防ぐためである。

18 下図の給排水衛生設備工事に使用するトラップは、Sトラップである。

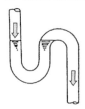

19 型板ガラスのはめ込みでは、一般に、凹凸面のついた面を室内側に向ける。

［A群(真偽法)］

20　柱に張った養生紙は、建て方の終了後、速やかに剥がすとよい。

21　集成材は、むく材よりも反りや狂いなどが生じやすい。

22　1階で湿気が多い箇所の床下地には、コンクリート型枠用合板を使用する。

23　木造建築物の設計図のうち、矩計図の縮尺の割合は、1/20よりも1/100の方が詳細である。

24　労働安全衛生法関係法令によれば、労働者は、作業場の清潔に注意し、廃棄物を定められた場所以外の場所にすてないようにしなければならない。

25　労働安全衛生法関係法令によれば、足場を組み立てる等の方法により作業床を設けなければならない作業箇所の高さは、2m以上とされている。

[B群(多肢択一法)]

1　木造建築物の構法として、適切でないものはどれか。
　　　イ　在来軸組構法
　　　ロ　枠組壁構法
　　　ハ　木質プレハブ構法
　　　ニ　一体式構法

2　階段の蹴上げ及び踏面の寸法として、正しいものはどれか。

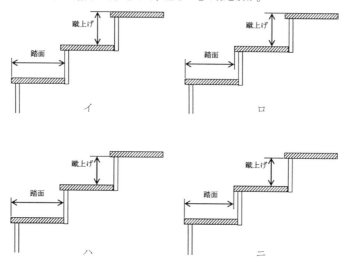

3　木造2階建住宅の柱で、一般に、断面寸法が最も大きいものはどれか。
　　　イ　通し柱
　　　ロ　半柱
　　　ハ　管柱
　　　ニ　間柱

4　鉄骨造に関する記述として、誤っているものはどれか。
　　　イ　大スパンの構造に適している。
　　　ロ　耐火性に優れている。
　　　ハ　超高層建築物に多く見られる。
　　　ニ　H形鋼などの鋼材で組み立てられる。

［B群(多肢択一法)］

5　下図の骨組を支えている支点記号のうち、固定支点の記号として、適切なものはどれか。

　　　　イ　　　　　　ロ　　　　　　ハ　　　　　　　　ニ

6　下図は、規矩術の基本図であるが、A、B、C及びDの組合せとして、正しいものはどれか。

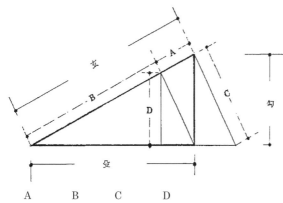

　　　　　　A　　　　　B　　　　　C　　　　　D
　　イ　　長玄 ・・・ 短玄 ・・・ 欠勾 ・・・ 補玄
　　ロ　　短玄 ・・・ 補玄 ・・・ 長玄 ・・・ 欠勾
　　ハ　　補玄 ・・・ 長玄 ・・・ 欠勾 ・・・ 短玄
　　ニ　　短玄 ・・・ 長玄 ・・・ 補玄 ・・・ 欠勾

7　下図に示す山取りした隅木の上端墨において、入中から本中へ向かう墨のさしがね使いとして、正しいものはどれか。

　　イ　長玄の返し勾配
　　ロ　長玄勾配
　　ハ　隅長玄勾配
　　ニ　短玄勾配

8 さしがねの表目と裏目(角目)の関係を表した式として、正しいものはどれか。
 イ 裏目1＝表目1×$\sqrt{2}$
 ロ 裏目1＝表目1×$\sqrt{3}$
 ハ 裏目1＝表目1÷$\sqrt{2}$
 ニ 裏目1＝表目1÷$\sqrt{3}$

9 手押しかんな盤のテーブル調整として、正しいものはどれか。

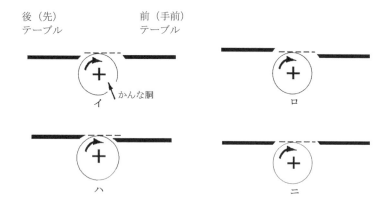

10 木工用の刃物を研磨する場合、使用する砥石の順序として、正しいものはどれか。
 イ 中砥 → 荒砥 → グラインダ → 仕上げ砥
 ロ グラインダ → 中砥 → 仕上げ砥 → 荒砥
 ハ グラインダ → 荒砥 → 中砥 → 仕上げ砥
 ニ 仕上げ砥 → グラインダ → 荒砥 → 中砥

11 木造住宅の施工順序として、正しいものはどれか。
 イ 遣方 → 基礎 → 建方 → 屋根
 ロ 基礎 → 遣方 → 建方 → 屋根
 ハ 基礎 → 建方 → 遣方 → 屋根
 ニ 遣方 → 建方 → 基礎 → 屋根

12 文中の(　　)内に当てはまる数値として、正しいものはどれか。
 労働安全衛生法関係法令によれば、高さが2m以上又は階段を設けない架設通路
の勾配は、(　　)°以下とすることとされている。
 イ 25
 ロ 30
 ハ 35
 ニ 40

[B群(多肢択一法)]

13　水盛り・遣方の順序として、正しいものはどれか。
　　　イ　水　杭　→　水盛り　→　水　貫
　　　ロ　水　貫　→　水　杭　→　水盛り
　　　ハ　水　杭　→　水　貫　→　水盛り
　　　ニ　水盛り　→　水　貫　→　水　杭

14　木造建築物の基礎工事に関する記述として、適切でないものはどれか。
　　　イ　基礎の底面は、地盤の凍結深度よりも深くする。
　　　ロ　布基礎は、一般に、一体の鉄筋コンクリート造とする。
　　　ハ　布基礎の立上がり部分の上・下主筋は、D10とする。
　　　ニ　アンカーボルトのコンクリートへの埋込み長さは、250mm以上とする。

15　木構造の各部材とその仕口の組合せとして、適切でないものはどれか。
　　　　　（各部材）　　　　　　　　（仕口）
　　　イ　小屋ばりと軒桁　・・・　かぶとあり掛け
　　　ロ　母屋と小屋づか　・・・　渡りあご掛け
　　　ハ　通し柱と胴差し　・・・　傾ぎ大入れほぞ差し
　　　ニ　土台と間柱　　　・・・　突き付け

16　下図の面取りのうち、しゃくり面を表すものはどれか。

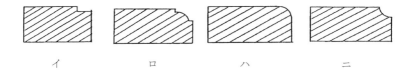

　　　　イ　　　　　　　　ロ　　　　　　　　ハ　　　　　　　　ニ

17　下図の釘(くぎ)打ちのうち、千鳥打ちはどれか。

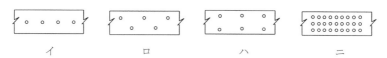

　　　　イ　　　　　　　　ロ　　　　　　　　ハ　　　　　　　　ニ

18　軸組工法用の接合金物の用途に関する記述として、誤っているものはどれか。
　　　イ　ひねり金物は、柱と横架材の接合に使用される。
　　　ロ　ホールダウン金物は、柱と基礎(土台)の接合に使用される。
　　　ハ　羽子板ボルトは、通し柱と胴差しの接合に使用される。
　　　ニ　火打金物は、床組及び小屋組の隅角部の補強に使用される。

19 根太工法において、クッションフロア(CF)を張る場合、床下地合板の厚さとして、適切なものはどれか。
  イ 5.5mm
  ロ 7.5mm
  ハ 9mm
  ニ 12mm

20 文中の( )内に当てはまる数値として、正しいものはどれか。
  鉄筋コンクリート造に使用するコンクリートの強度は、一般に、( )週圧縮強度で表す。
  イ 2
  ロ 3
  ハ 4
  ニ 5

21 木材とその用途の組合せとして、適切でないものはどれか。
   (木材)   (用途)
  イ カラマツ ・・・・ 根太
  ロ ラワン ・・・・ 土台
  ハ スギ   ・・・・ 柱
  ニ アカマツ ・・・・ はり

22 屋根伏図とその名称の組合せとして、誤っているものはどれか。

  イ 切妻屋根 ロ 入母屋屋根 ハ 陸屋根 ニ 寄棟屋根

23 建築基準法関係法令によれば、容積率の算出式として、規定されているものはどれか。
  イ 延べ面積÷敷地面積
  ロ 延べ面積÷建築面積
  ハ 建築面積÷敷地面積
  ニ 建築面積÷延べ面積

[B群(多肢択一法)]

24　文中の(　　)内に当てはまる数値として、正しいものはどれか。

　　建築基準法関係法令によれば、建築主は、木造の建築物で3以上の階数を有し、又は延べ面積が500m²、高さが13m若しくは軒の高さが(　　)mを超える建築物を建築しようとする場合、確認の申請書を提出して建築主事の確認を受け、確認済証の交付を受けなければならない。

　　イ　　7
　　ロ　　8
　　ハ　　9
　　ニ　　10

25　事故等の発生時における一般的な注意事項に関する記述として、適切でないものはどれか。

　　イ　熱中症の疑いがあるときは、涼しい場所で安静にさせる。
　　ロ　救護処置は、冷静かつ迅速に、適切な順序で行う。
　　ハ　出血や骨折などの負傷がないか確認する。
　　ニ　顔が蒼白している時は、頭を上げて寝かす。

平成30年度 技能検定
2級 建築大工 学科試験問題
（大工工事作業）

1. 試験時間　1時間40分
2. 問題数　　50題(A群25題、B群25題)
3. 注意事項
   （1）　係員の指示があるまで、この表紙はあけないでください。
   （2）　答案用紙(真偽法と多肢択一法の併用)に検定職種名、作業名、級別、受検番号、氏名を必ず記入してください。
   （3）　係員の指示に従って、問題数を確かめてください。それらに異常がある場合は、黙って手を挙げてください。問題はA群(真偽法)とB群(多肢択一法)とに分かれています。
   （4）　試験開始の合図で始めてください。
   （5）　解答の方法(真偽法と多肢択一法の併用)は次のとおりです。
   　　　イ．　A群の問題(真偽法)は、一つ一つの問題の内容が正しいか、誤っているかを判断して解答してください。
   　　　ロ．　B群の問題(多肢択一法)は、正解と思うものを一つだけ選んで、解答してください。二つ以上に解答した場合は誤答となります。
   　　　ハ．　答案用紙(マークシート用紙)へ解答する際は、答案用紙に記載されている注意事項に従ってください。
   　　　ニ．　答案用紙の解答欄は、A群の問題とB群の問題とでは異なります。所定の解答欄に、試験問題の題数に応じて解答してください。解答欄はA群は50題まで、B群は25題まで解答できるようになっています。
   （6）　電子式卓上計算機その他これと同等の機能を有するものは、使用してはいけません。
   （7）　携帯電話等は、使用してはいけません。
   （8）　試験中、質問があるときは、黙って手を挙げてください。ただし、試験問題の内容、漢字の読み方等に関する質問にはお答えできません。
   （9）　試験終了時刻前に解答ができあがった場合は、黙って手を挙げて、係員の指示に従ってください。
   （10）　試験中に手洗いに立ちたいときは、黙って手を挙げて、係員の指示に従ってください。
   （11）　試験終了の合図があったら、筆記用具を置き、係員の指示に従ってください。

[A群(真偽法)]

1 木造建築物で、はり間の大きい小屋組は、洋小屋よりも和小屋の方が適している。

2 京呂組は、木造和小屋に用いられる。

3 敷桁とは、柱の上端でつなぎ陸ばりを受けるもので、小屋組を支える役目を持った水平材をいう。

4 S造とは、鉄筋コンクリート造のことをいう。

5 下図におけるD−Eは、小中勾である。

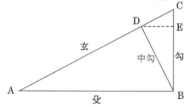

6 下図において、a：b：c＝3：4：5の場合、大矩の作り方として、正しい。

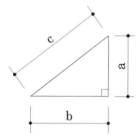

7 くせを取った柱建て四方転びにおける貫上端の胴付きは、殳と短玄で表す。

8 下図は、鼻隠し上端、隅木取合い切墨である。

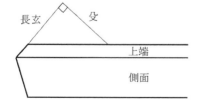

9 角のみ盤のきりの刃先は、角のみから10〜20mm程度出しておかなければならない。

[A群(真偽法)]

10 硬木をかんなで削る場合、かんな刃の仕込み勾配(切削角)は、軟材を削る場合よりも急勾配にするとよい。

11 タイル工事と左官仕上げ工事とが重なる場合は、一般に、タイル工事を先に行う方がよい。

12 仮設足場で単管を使用した場合、筋かいの止め金具には、直交型クランプを使用する。

13 下図の水杭の頭頂部の切り方は、いすか切りである。

14 水杭の打込み深さは、根切り底まであれば十分である。

15 木造住宅の基礎に使用する鉄筋は、一般に、異形鉄筋よりも丸鋼が多く使用されている。

16 土台継手(鎌継手)は、すべり勾配をつけ、引勝手に加工するとよい。

17 グラスウール断熱材は、無機質なので雨に濡れてもさしつかえない。

18 木造住宅のバルコニー床の防水には、アスファルト防水が最も適している。

19 下図のような金物は、土台又は基礎と柱及び上下階の柱相互の接合に適している。

20 化粧床の養生は、養生紙が動かないように接着剤で十分にとめるとよい。

21 ヒバ材は、虫害に強いので、土台にも使用されている。

22 木材は、未乾燥材の方が、乾燥材よりも強度が大きい。

[A群(真偽法)]

23　日本工業規格(JIS)の建築製図通則によれば、下図は、地盤の材料構造表示記号である。

24　労働安全衛生法関係法令によれば、事業者は、3m以上の高所から物体を投下するときは、適当な投下設備を設け、監視人を置く等労働者の危険を防止するための措置を講じなければならないと規定されている。

25　労働安全衛生法関係法令によれば、研削といしを取り替えたときには、3分間以上試運転をしなければならないと規定されている。

1　木材で組んだ枠に合板などを打ち付けた床枠組や壁枠組を組み立てて一体化する構造として、正しいものはどれか。
　　イ　在来軸組構法
　　ロ　木造枠組壁構法
　　ハ　丸太組構法
　　ニ　木造集成材構法

2　木造建築物の構造計画に関する記述として、誤っているものはどれか。
　　イ　桁行方向に細長い建築物における必要な耐力壁の有効長さは、はり間方向に比べて、桁行方向の方が長い。
　　ロ　吹抜け部分の胴差しについては、水平方向の力を考慮する。
　　ハ　屋根の棟や軒先部分には、局部的に大きな風圧力が加わる。
　　ニ　耐力壁の脚部には、引抜きの力が生じる。

3　木造2階建て一般住宅の通し柱の断面寸法として、適切なものはどれか。
　　イ　90mm角
　　ロ　95mm角
　　ハ　100mm角
　　ニ　120mm角

4　部材と部材が剛接合である構造として、正しいものはどれか。
　　イ　トラス構造
　　ロ　ラーメン構造
　　ハ　木造軸組
　　ニ　組積造

5　力学に関する記述として、誤っているものはどれか。
　　イ　片持ちばりは、一端が自由端、他端は固定端となっているはりのことである。
　　ロ　力を合成・分解する解法には、図式解法と算式(数式)解法がある。
　　ハ　単純ばりは、両端の支点が回転端によって支えられているはりのことである。
　　ニ　座屈とは、細長い部材を圧縮させた場合、圧縮力がある限界の大きさに達したとき、部材が曲がりだす現象をいう。

［B群(多肢択一法)］

6 下図は、規矩術の基本図であるが、A、B、C、Dの組合せとして、正しいものはどれか。

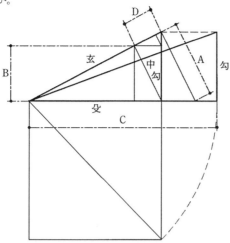

	A		B		C		D
イ	小勾	…	欠勾	…	隅殳	…	長玄
ロ	補玄	…	小勾	…	欠勾	…	短玄
ハ	補玄	…	欠勾	…	隅殳	…	短玄
ニ	欠勾	…	補玄	…	小勾	…	長玄

7 表目と裏目の関係を表すさしがね使いとして、正しいものはどれか。

イ 裏目1 = 表目1× $\dfrac{\sqrt{2}}{2}$

ロ 裏目1 = 表目1× $\sqrt{2}$

ハ 裏目1 = 表目1× $\sqrt{3}$

ニ 裏目1 = 表目1×2

8 隅木の直角断面の山勾配として、正しいものはどれか。
イ 隅勾配
ロ 平勾配
ハ 中勾勾配
ニ 隅中勾勾配

9 釘打ち機では、使用できない釘はどれか。
    イ　鉄釘
    ロ　ステンレス釘
    ハ　合釘
    ニ　ロール釘

10 大工道具に使用される木の種類として、誤っているものはどれか。
    イ　かんな台　　……　シラガシ
    ロ　のこぎりの柄　……　ヒノキ
    ハ　玄能の柄　　……　スギ
    ニ　墨つぼ　　　……　ケヤキ

11 木造建築物の仕口とその仕口に使用する金物の組合せとして、誤っているものはどれか。
    （仕　口）　　　　　　　（金　物）
    イ　土台と柱　　　・・・　アンカーボルト(M12)
    ロ　通し柱と胴差し　・・・　羽子板ボルト
    ハ　軒桁と柱　　　・・・　山形プレート
    ニ　管柱と胴差し　・・・　ひら金物

12 仮設工事でないものはどれか。
    イ　仮囲い工事
    ロ　足場工事
    ハ　水盛り・遣方工事
    ニ　基礎工事

13 大矩の用途として、正しいものはどれか。
    イ　高さを出す。
    ロ　水平を出す。
    ハ　正三角形を出す。
    ニ　直角を出す。

14 文中の(　　)内に当てはまる数値として、正しいものはどれか。
    木造住宅における床下防湿コンクリートの厚さは、(　　)mm以上とする。ただし、基礎の構造をべた基礎とした場合は、この限りではない。
    イ　30
    ロ　40
    ハ　50
    ニ　60

［B群(多肢択一法)］

15　下図の床板加工のうち、突き付けはどれか。

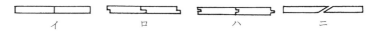

　　　　イ　　　　　　　　ロ　　　　　　　　ハ　　　　　　　　ニ

16　木造2階建ての建方の順序として、適切なものはどれか。
　　　イ　土台　→　1階軸組　→　2階軸組　→　小屋組　　→　仮筋かい
　　　ロ　土台　→　1階軸組　→　仮筋かい→　2階軸組　→　小屋組
　　　ハ　土台　→　1階軸組　→　小屋組　→　2階軸組　→　仮筋かい
　　　ニ　土台　→　1階軸組　→　小屋組　→　仮筋かい　→　2階軸組

17　造作材と材料の使い方の組合せとして、正しいものはどれか。
　　　　（造作材）　　　　　　（材料）
　　　イ　地板の上端　・・・　木裏
　　　ロ　鴨居の下端　・・・　木裏
　　　ハ　敷居の上端　・・・　木表
　　　ニ　長押の下端　・・・　木裏

18　下図の面取りのうち、ぎんなん面はどれか。

　　　　イ　　　　　　　　ロ　　　　　　　　ハ　　　　　　　　ニ

19　断熱材に関する記述として、適切でないものはどれか。
　　　イ　ロックウール断熱材の主原料には、高炉スラグ、玄武岩などを使用する。
　　　ロ　ロックウール断熱材は、水に濡れると、断熱性が低下する。
　　　ハ　大壁造の場合、アルミはく張りの断熱材は、防湿層を外側にして取り付ける。
　　　ニ　断熱材の厚さが増すほど、断熱性は増す。

20　次の防蟻処理をしていない天然木材のうち、シロアリに最も侵されやすい材料はどれか。
　　　イ　ヒノキ
　　　ロ　コウヤマキ
　　　ハ　ケヤキ
　　　ニ　ベイツガ

21 集成材に関する記述として、誤っているものはどれか。
　　イ　大スパンの木構造に適している。
　　ロ　素材に比べて、ひび割れなどが多い。
　　ハ　断面の大きな部材が製作できる。
　　ニ　わん曲材の製作ができる。

22 日本工業規格(JIS)の建築製図通則によれば、下図の材料構造表示記号が示すものはどれか。

　　イ　割栗
　　ロ　コンクリート及び鉄筋コンクリート
　　ハ　保温吸音材
　　ニ　軽量ブロック壁

23 文中の(　　)内に当てはまる数値として、正しいものはどれか。
　　建築基準法関係法令によれば、最下階の居室の床が木造である場合における床の高さは、原則として、直下の地面からその床の上面まで(　　)cm以上とすることと規定されている。
　　イ　30
　　ロ　40
　　ハ　45
　　ニ　50

24 建築基準法関係法令によれば、建ぺい率の算出式として、規定されているものはどれか。
　　イ　延床面積÷建築面積
　　ロ　延床面積÷敷地面積
　　ハ　建築面積÷敷地面積
　　ニ　建築面積÷延床面積

25 文中の(　　)内に当てはまる数値として、正しいものはどれか。
　　労働安全衛生法関係法令によれば、つり足場の場合を除き、作業床の床材間の隙間は(　　)cm以下としなければならない。
　　イ　3
　　ロ　4
　　ハ　5
　　ニ　6

平成29年度 技能検定
2級 建築大工 学科試験問題
（大工工事作業）

1. 試験時間　1時間40分
2. 問題数　　50題(A群25題、B群25題)
3. 注意事項
    （1）　係員の指示があるまで、この表紙はあけないでください。
    （2）　答案用紙(真偽法と多肢択一法の併用)に検定職種名、作業名、級別、受検番号、氏名を必ず記入してください。
    （3）　係員の指示に従って、問題数を確かめてください。それらに異常がある場合は、黙って手を挙げてください。問題はA群(真偽法)とB群(多肢択一法)とに分かれています。
    （4）　試験開始の合図で始めてください。
    （5）　解答の方法(真偽法と多肢択一法の併用)は次のとおりです。
        イ．　A群の問題(真偽法)は、一つ一つの問題の内容が正しいか、誤っているかを判断して解答してください。
        ロ．　B群の問題(多肢択一法)は、正解と思うものを一つだけ選んで、解答してください。二つ以上に解答した場合は誤答となります。
        ハ．　答案用紙(マークシート用紙)へ解答する際は、答案用紙に記載されている注意事項に従ってください。
        ニ．　答案用紙の解答欄は、A群の問題とB群の問題とでは異なります。所定の解答欄に、試験問題の題数に応じて解答してください。解答欄はA群は50題まで、B群は25題まで解答できるようになっています。
    （6）　電子式卓上計算機その他これと同等の機能を有するものは、使用してはいけません。
    （7）　携帯電話等は、使用してはいけません。
    （8）　試験中、質問があるときは、黙って手を挙げてください。ただし、試験問題の内容、漢字の読み方等に関する質問にはお答えできません。
    （9）　試験終了時刻前に解答ができあがった場合は、黙って手を挙げて、係員の指示に従ってください。
    （10）　試験中に手洗いに立ちたいときは、黙って手を挙げて、係員の指示に従ってください。
    （11）　試験終了の合図があったら、筆記用具を置き、係員の指示に従ってください。

[A群(真偽法)]

1　在来軸組構法は、架構式構造である。

2　建築基準法関係法令において、主要構造部とは、柱、壁、床、はり、屋根又は階段をいう。

3　下図の階段の断面図において、踏面寸法は、○印の部分である。

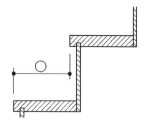

4　S造とは、鉄骨造のことをいう。

5　隅勾配は、殳の裏目と勾で表す。

6　規矩において、次の式は正しい。
$$玄 = (殳)^2 + (中勾)^2$$

7　隅木側面に取り付く振たる木(側面)の胴付きは、振たる木勾配の返し勾配である。

8　柱建て四方転びの柱のくせは、柱の勾配が垂直に近くなるほど小さくなる。

9　のこ刃が厚いのこぎりは、抵抗が少なく木材が切りやすい。

10　手押かんな盤は、前(手前)テーブルを後(先)テーブルよりもやや下げて使用する。

11　バーチャート工程表(横線工程表)は、各専門工事相互の関係が明確である。

12　工事用の仮設建築物に設ける水道及び電気設備は、関係機関の許可を受ける必要がある。

13　下図の水杭の頭頂部の切り方は、矢はず切りである。

［A群(真偽法)］

14　水盛り・遣方において、水墨及び芯墨は、レベルを使用して出す。

15　基礎コンクリートの養生では、型枠をなるべく早くはずして日光や風にさらした方がよい。

16　厚さ12mmのフローリング張りとする床組の根太間隔は、300mm程度とするとよい。

17　建入れのゆがみは、金具等の仮締めを行った後に直した方がよい。

18　けらば瓦は、軒先に使用する瓦である。

19　下図の給排水衛生設備工事に使用するトラップは、Pトラップである。

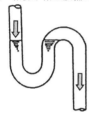

20　むく材を使用したフローリング床の養生は、塗装工事完了後に行うのがよい。

21　集成材は、むく材よりも反り、狂いなどが生じにくい。

22　レディーミクストコンクリートは、使用するセメントが水硬性であるため、打ち込み現場で水を足した方がよい。

23　日本工業規格(JIS)の建築製図通則によれば、製図に使用する寸法の単位は、原則として、センチメートルとする。

24　労働安全衛生法関係法令によれば、単管足場(鋼管規格に適合する鋼管足場)の建地の間隔は、けた行方向を1.85m以下、はり間方向を1.5m以下としなければならないと規定されている。

25　労働安全衛生法関係法令によれば、移動はしごの幅は、30cm以上のものでなければ使用してはならないと規定されている。

[B群(多肢択一法)]

1　文中の(　　)内に当てはまる語句として、正しいものはどれか。
　　　木材を水平に積み上げて、構造体としての壁を構成する構造形式は、(　　)である。
　　　イ　木造枠組壁構法
　　　ロ　木造集成材構法
　　　ハ　在来軸組構法
　　　ニ　丸太組構法

2　木造建築物において、軒桁と小屋ばりの仕口を補強するときに使う金物として、適切なものはどれか。
　　　イ　かすがい
　　　ロ　羽子板ボルト
　　　ハ　大釘
　　　ニ　短冊金物

3　次の用語の組合せとして、誤っているものはどれか。
　　　イ　廻り縁　　　－　　天井
　　　ロ　破風板　　　－　　屋根
　　　ハ　ささら桁　　－　　小屋組
　　　ニ　大引　　　　－　　床組み

4　建築構造形式に関する記述として、誤っているものはどれか。
　　　イ　トラス構造は、直線材をピン接合し三角形に組合わせて構成した構造である。
　　　ロ　ラーメン構造は、部材と部材とをピン接合とした構造である。
　　　ハ　鉄骨鉄筋コンクリート構造は、鉄骨を中心として、その周囲を鉄筋コンクリートの部材とした構造である。
　　　ニ　補強コンクリートブロック構造は、耐震性を高めるため、鉄筋で補強した組積造のことである。

5　力の三要素の組合せとして、正しいものはどれか。
　　　イ　大きさ　　　方向(向き)　　　作用点
　　　ロ　大きさ　　　方向(向き)　　　支点
　　　ハ　応力　　　　方向(向き)　　　作用点
　　　ニ　応力　　　　方向(向き)　　　支点

［B群(多肢択一法)］

6 下図の基本図の図中にない名称は、次のうちどれか。

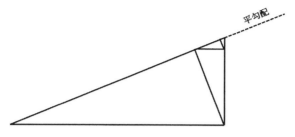

    イ 小殳
    ロ 中勾
    ハ 小中勾
    ニ 欠勾

7 下図に示す山取りした隅木の上端の出中墨のさしがね使いとして、正しいものはどれか。

    イ 長玄勾配
    ロ 中勾勾配
    ハ 隅長玄勾配
    ニ 短玄勾配

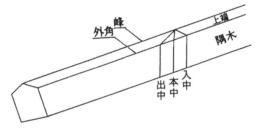

8 棒隅木(真隅木)の山勾配の取り方のさしがね使いとして、適切なものはどれか。
    イ 平勾の返し勾配
    ロ 長玄の返し勾配
    ハ 中勾の返し勾配
    ニ 隅中勾の返し勾配

9 鴨居の溝を仕上げる場合に使用するかんなとして、適切でないものはどれか。
    イ わきとりかんな
    ロ 底取りかんな
    ハ 平かんな
    ニ もといちかんな

10 のこ刃のあさり幅に関する記述として、適切なものはどれか。
　　イ　のこ身の厚さよりも幅が狭い。
　　ロ　のこ身の厚さと同じ。
　　ハ　のこ身の厚さよりも1.5〜1.8倍程度幅が広い。
　　ニ　のこ身の厚さよりも1.9〜2.5倍程度幅が広い。

11 建築物の施工計画を立てるのに必要でないものはどれか。
　　イ　基本工程表の作成
　　ロ　工事現場の周囲の状況調査
　　ハ　工事請負契約書の作成
　　ニ　設計図書の確認

12 次のうち、仮設工事はどれか。
　　イ　足場工事
　　ロ　屋根工事
　　ハ　基礎工事
　　ニ　板金工事

13 一般に使用されている墨付けにおいて、にじり印を表す記号として、正しいものはどれか。

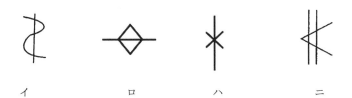

　　イ　　　　　　　ロ　　　　　　　ハ　　　　　　　ニ

14 木造建築物の基礎工事に関する記述として、適切でないものはどれか。
　　イ　基礎の底面は、地盤の凍結深度よりも深くする。
　　ロ　一般に、布基礎は、一体の鉄筋コンクリート造とする。
　　ハ　外周部の布基礎には、間隔6mごとに床下換気孔を設ける。
　　ニ　アンカーボルトの埋込み長さは、250mm以上とする。

15 木構造の施工に関する記述として、誤っているものはどれか。
　　イ　2階はりを柱間の中央で、鎌継ぎにする。
　　ロ　母屋の転止めを合掌に打ち付ける。
　　ハ　火打土台を傾き大入れとし、大釘で止める。
　　ニ　真づかを陸ばりの下から箱金物で締める。

［B群(多肢択一法)］

16　下図の床板加工のうち、相じゃぐり(相欠き)はどれか。

　　　　　　イ　　　　　　ロ　　　　　　ハ　　　　　　ニ

17　一般に、クロス下地のボードの張り方として、適切でないものはどれか。
　　イ　ステンレス釘で張る。
　　ロ　ステンレスビスで張る。
　　ハ　ボンドとステンレス釘を併用して張る。
　　ニ　ボンドと鉄釘を併用して張る。

18　軒先に関する記述として、誤っているものはどれか。
　　イ　鼻隠しは、たる木の先に取り付ける材である。
　　ロ　かわら座は、けらばに取り付ける材である。
　　ハ　広小舞は、たる木の上に取り付ける材である。
　　ニ　木小舞を付けた場合、化粧板は、たて張りとする。

19　一般に、使用場所とその建築用材料の組合せとして、適切でないものはどれか。
　　　　　（使用場所）　　　　（建築用材料）
　　イ　　　土台　　　　　　クリ・ヒノキ
　　ロ　　　柱　　　　　　　ヒノキ・スギ
　　ハ　　　小屋　　　　　　ラワン・タモ
　　ニ　　　造作　　　　　　ヒノキ・スギ

20　木材及び木材加工品に関する記述として、適切でないものはどれか。
　　イ　木材の比重は、一般的に気乾材の比重で表す。
　　ロ　乾燥させた木材は、生木よりも強度が高い。
　　ハ　引張強度は、せん断強度よりも小さい。
　　ニ　合板は、奇数板の単板を接着剤で貼り合わせて1枚の板にしたものである。

21　建築基準法関係法令によれば、内装材として、使用面積の制限を受けない材料の等
　　級はどれか。
　　イ　F☆☆☆☆
　　ロ　F☆☆☆
　　ハ　F☆☆
　　ニ　F☆

22　屋根伏図とその名称の組合せとして、誤っているものはどれか。

　　　イ　入母屋屋根　　　ロ　陸屋根　　　ハ　切妻屋根　　　ニ　寄棟屋根

23　文中の(　　)内に当てはまる数値として、正しいものはどれか。
　　　建築基準法関係法令によれば、居室の天井の高さは、(　　)m以上でなければならないと規定されている。
　　　イ　2.7
　　　ロ　2.4
　　　ハ　2.1
　　　ニ　1.8

24　建築基準法関係法令における用語とその定義の組合せとして、誤っているものはどれか。
　　　　　(用語)　　　　　　　　(定義)
　　　イ　延べ床面積　・・・　敷地の水平投影面積
　　　ロ　建築　　　　・・・　建築物を新築し、増築し、改築し、又は移転すること
　　　ハ　建ぺい率　　・・・　建築物の建築面積の敷地面積に対する割合
　　　ニ　容積率　　　・・・　建築物の延べ床面積の敷地面積に対する割合

25　文中の(　　)内に当てはまる数値として、正しいものはどれか。
　　　労働安全衛生法関係法令によれば、事業者は(　　)m以上の高所から物体を投下するときは、適当な投下設備を設け、監視人を置く等労働者の危険を防止するための措置を講じなければならないと規定されている。
　　　イ　1
　　　ロ　3
　　　ハ　5
　　　ニ　7

令和元年度 技能検定
1級 建築大工 学科試験問題
（大工工事作業）

1. 試験時間　　1時間40分
2. 問題数　　　50題(A群25題、B群25題)
3. 注意事項
   （1）　係員の指示があるまで、この表紙はあけないでください。
   （2）　答案用紙(真偽法と多肢択一法の併用)に検定職種名、作業名、級別、受検番号、氏名を必ず記入してください。
   （3）　係員の指示に従って、問題数を確かめてください。それらに異常がある場合は、黙って手を挙げてください。問題はA群(真偽法)とB群(多肢択一法)とに分かれています。
   （4）　試験開始の合図で始めてください。
   （5）　解答の方法(真偽法と多肢択一法の併用)は次のとおりです。
   　　イ．　A群の問題(真偽法)は、一つ一つの問題の内容が正しいか、誤っているかを判断して解答してください。
   　　ロ．　B群の問題(多肢択一法)は、正解と思うものを一つだけ選んで、解答してください。二つ以上に解答した場合は誤答となります。
   　　ハ．　答案用紙(マークシート用紙)へ解答する際は、答案用紙に記載されている注意事項に従ってください。
   　　ニ．　答案用紙の解答欄は、A群の問題とB群の問題とでは異なります。所定の解答欄に、試験問題の題数に応じて解答してください。解答欄はA群は50題まで、B群は25題まで解答できるようになっています。
   （6）　電子式卓上計算機その他これと同等の機能を有するものは、使用してはいけません。
   （7）　携帯電話等は、使用してはいけません。
   （8）　試験中、質問があるときは、黙って手を挙げてください。ただし、試験問題の内容、漢字の読み方等に関する質問にはお答えできません。
   （9）　試験終了時刻前に解答ができあがった場合は、黙って手を挙げて、係員の指示に従ってください。
   （10）　試験中に手洗いに立ちたいときは、黙って手を挙げて、係員の指示に従ってください。
   （11）　試験終了の合図があったら、筆記用具を置き、係員の指示に従ってください。

[A群(真偽法)]

1 在来軸組構法は、柱やはりなどの部材を組み合わせて軸組をつくる架構式の構造である。

2 方づえを柱とはりに取り付ける角度は、70°にするのが最も良い。

3 和小屋組の京呂組は、小屋ばりを柱の上にのせ、桁をはりの上に架け渡す組み方である。

4 SRC造は、一般に、RC造よりも耐力と粘りがある。

5 下図は、片持ちばりを表している。

6 出雲大社の建築様式は、大社造りである。

7 引渡し勾配とは、むくり屋根、そり屋根等において、軒先と棟とを結ぶ直線の勾配をいう。

8 棒隅木(真隅木)上端の馬乗り墨(本中墨)は、短玄の返し勾配で出す。

9 柱建て四方転びの柱の勾配は、平の返し勾配である。

10 柱建て四方転びの柱のくせは、柱の勾配が垂直に近くなるほど小さくなる。

11 手かんなの刃の仕込み角度は、硬木材を削る場合と軟木材を削る場合では異なる。

12 工事種別施工計画書には、一般に、品質管理計画書も含まれる。

13 高さが2m以上の架設の登り桟橋は、勾配を30°以下とし、墜落の危険のある箇所には高さ85cm以上の丈夫な手すりを設ける。

14 ベンチマークは、根切の深さや基礎の高さなどを決めるのに使用される。

15 基礎に打ち込むアンカーボルトの端末は、フックが付いているものを使用するのがよい。

16 大入れやり返しで、鴨居を柱に取り付けることはできない。

[A群(真偽法)]

17 耐力壁に構造用合板を止める釘の間隔は、200mmにするとよい。

18 タイルを壁に圧着張りで施工する場合は、一般に、下から上へ行う。

19 床を養生するシートは、作業又は移動する一部分に敷いてあればよい。

20 公共建築工事標準仕様書によれば、木工事で使用する釘の長さは、材料の厚さの
　　2.0倍以上とされている。

21 セメントは、一般に、水と混ぜると発熱する性質がある。

22 広葉樹材は、一般に、針葉樹材よりも軟らかい。

23 建築基準法関係法令によれば、地階とは、床が地盤面下にある階で、床面から地盤
　　面までの高さがその階の天井の高さの1/5以上のものをいう。

24 労働安全衛生法関係法令によれば、軒の高さが5m以上の木造建築物の建方作業を
　　行うときは、強風、大雨、大雪等の悪天候のため、作業の実施について危険が予想
　　されるときは作業を中止しなければならない。

[B群(多肢択一法)]

1 建築基準法関係法令において、主要構造部として規定されていないものはどれか。
　イ　壁
　ロ　間柱
　ハ　はり
　ニ　階段

2 建築基準法関係法令によれば、階数が2以上又は延べ面積が50m²を超える木構造の耐力上必要な軸組の壁倍率として、誤っているものはどれか。
　（軸組の種類）　　　　　　　　　　　　　　　（壁倍率）
　イ　厚さ1.5cm×幅9cmの木材の筋かいを入れた軸組・・・1.0
　ロ　厚さ3.0cm×幅9cmの木材の筋かいを入れた軸組・・・1.5
　ハ　厚さ4.5cm×幅9cmの木材の筋かいを入れた軸組・・・2.0
　ニ　厚さ9.0cm×幅9cmの木材の筋かいを入れた軸組・・・4.0

3 屋根の形とその名称の組合せとして、正しいものはどれか。

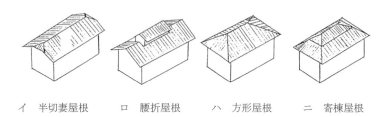

　イ　半切妻屋根　　　ロ　腰折屋根　　　ハ　方形屋根　　　ニ　寄棟屋根

4 次のうち、超高層建築物で最も多く使用されている構造はどれか。
　イ　プレハブ構造
　ロ　鉄筋コンクリート構造
　ハ　鉄骨構造
　ニ　組積構造

5 下図に示すP_1とP_2の合力とつり合うP_3の力の式として、正しいものはどれか。
　イ　$300+400=700kN$
　ロ　$400-300=100kN$
　ハ　$300×400=120,000kN$
　ニ　$\sqrt{300^2+400^2}=500kN$

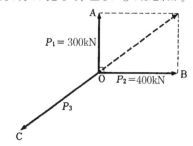

－ 54 －

［B群(多肢択一法)］

6　神社や仏閣の屋根の軒先(化粧)に使用される材料として、適切でないものはどれ
　　か。
　　イ　木負（きおい）
　　ロ　かや負（おい）
　　ハ　裏甲（うらごう）
　　ニ　野だる木

7　下図は、規矩術の基本図であるが、A、B、C及びDの組合せとして、正しいものは
　　どれか。

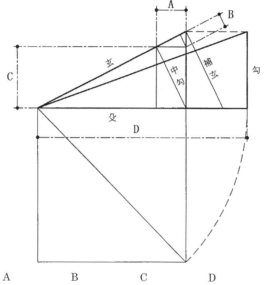

　　　　　A　　　　　　B　　　　　　C　　　　　　D
　　イ　隅殳　　…　欠勾　　…　小殳　　…　小中勾
　　ロ　短玄　　…　小殳　　…　小中勾　…　隅殳
　　ハ　小中勾　…　短玄　　…　隅殳　　…　欠勾
　　ニ　小殳　　…　小中勾　…　欠勾　　…　隅殳

8　平勾配と振れ角度が同一の場合、振れたる木鼻の上端墨のさしがね使いとして、正
　　しいものはどれか。
　　イ　中勾の返し勾配
　　ロ　隅中勾の返し勾配
　　ハ　振中勾の返し勾配
　　ニ　欠勾の返し勾配

9 棒隅木(真隅木)の鼻(直投げ)の切墨として、正しいものはどれか。
　　イ　中勾返し勾配と隅殳
　　ロ　短玄返し勾配と隅殳
　　ハ　欠勾返し勾配と隅殳
　　ニ　小中勾返し勾配と隅殳

10 棒隅木(真隅木)に取り付く配付けたる木における、上端及び成(側面)のさしがね使いの組合せとして、正しいものはどれか。

	＜上端＞	＜成(側面)＞
イ	長玄勾配	平勾配の返し勾配
ロ	中勾勾配	長玄勾配
ハ	平勾配の返し勾配	隅長玄勾配
ニ	隅長玄勾配	中勾勾配

11 じょうご形四方転びにおける、胴付き墨のさしがね使いの組合せとして、正しいものはどれか。

	＜上端胴付き＞	＜向こう胴付き＞
イ	長玄の返し勾配	隅中勾の返し勾配
ロ	中勾の返し勾配	長玄の返し勾配
ハ	短玄の返し勾配	中勾の返し勾配
ニ	隅中勾の返し勾配	短玄の返し勾配

12 かんなの裏金の役目として、最も適切なものはどれか。
　　イ　かんなの刃を固定するため。
　　ロ　かんな屑をすべり良く出すため。
　　ハ　かんなの刃を保護するため。
　　ニ　逆目を止めるため。

13 在来木造住宅における施工順序として、適切なものはどれか。
　　イ　建方　→　外部左官工事　→　屋根工事　　　→　サッシ工事
　　ロ　建方　→　屋根工事　　　→　サッシ工事　　→　外部左官工事
　　ハ　建方　→　サッシ工事　　→　外部左官工事　→　屋根工事
　　ニ　建方　→　屋根工事　　　→　外部左官工事　→　サッシ工事

［B群(多肢択一法)］

14 下図の単管足場における各名称として、誤っているものはどれか。
イ　手すり
ロ　中さん
ハ　建地
ニ　根がらみ

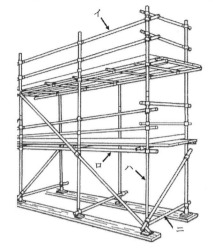

15 水盛り・遣方の順序として、正しいものはどれか。
イ　地縄張り　→　水杭　　→　水盛り　→　水貫　→　芯墨出し
ロ　地縄張り　→　水盛り　→　水杭　→　水貫　→　芯墨出し
ハ　地縄張り　→　芯墨出し　→　水盛り　→　水杭　→　水貫
ニ　地縄張り　→　水杭　　→　芯墨出し　→　水盛り　→　水貫

16 基礎工事に関する記述として、誤っているものはどれか。
イ　コンクリートの打設後、型枠は、1日経過すれば取り外してもよい。
ロ　布基礎の立上がり部分の上・下主筋は、D13以上とする。
ハ　基礎の底面は、建設地域の凍結深度よりも深くする。
ニ　床下にコンクリートを打設する前に、湿気を防ぐため防湿シートを敷くとよい。

17 木材の木表と木裏に関する記述として、適切でないものはどれか。
イ　かんな削りする場合、木表は、末から元へ削る。
ロ　木表は、材面の樹皮に近い側で、仕上面に光沢がある。
ハ　敷居と鴨居は、一般に、木裏に溝をつける。
ニ　床板には、一般に、木表を見え掛かりに使用する。

18 間仕切りに使用される土台どうしの仕口として、適切なものはどれか。
イ　扇ほぞさし
ロ　大入れあり掛け
ハ　えり輪入れ小根ほぞさし
ニ　短ほぞさし

19 木工事の施工法に関する記述として、誤っているものはどれか。
　　　イ　仕口・継手は、寸法を正確にゆるみなく施工する。
　　　ロ　仕口・継手部分を、金物で補強する。
　　　ハ　追掛け大栓継手の長さは、材幅の1〜1.5倍程度にする。
　　　ニ　筋かいの仕口は、金物で補強する。

20 下図のトラップの名称として、正しいものはどれか。
　　　イ　わんトラップ
　　　ロ　Pトラップ
　　　ハ　Uトラップ
　　　ニ　Sトラップ

21 耐水性に最も優れた接着剤はどれか。
　　　イ　エポキシ樹脂系
　　　ロ　酢酸ビニル樹脂系
　　　ハ　ゴム系溶剤形
　　　ニ　ゴム系ラテックス形

22 木材に関する記述として、正しいものはどれか。
　　　イ　強度は、含水率が高いほど大きい。
　　　ロ　圧縮強度は、繊維方向の方が、繊維に直角方向よりも大きい。
　　　ハ　繊維と平行方向のせん断強度は、同方向の圧縮強度よりも大きい。
　　　ニ　収縮率は、繊維方向の方が、繊維に直角方向よりも大きい。

23 日本工業規格(JIS)の「建築製図通則」によれば、次の材料構造表示記号の表示事
　　項として、正しいものはどれか。
　　　イ　地盤
　　　ロ　普通ブロック壁　　
　　　ハ　軽量ブロック壁
　　　ニ　鉄骨

24 建築基準法関係法令によれば、住宅の居室の採光面積として、正しいものはどれ
　　か。
　　　イ　床面積の1/4以上
　　　ロ　床面積の1/5以上
　　　ハ　床面積の1/7以上
　　　ニ　床面積の1/10以上

［B群(多肢択一法)］

25 熱中症対策に関する記述として、適切でないものはどれか。

イ 定期的に水分及び塩分を摂取できる準備をする。

ロ 通気性の良い作業服を着用させる。

ハ 通風又は冷房を行う設備を設ける。

ニ 熱への順化のため、高温多湿の作業場所で長時間作業を行わせる。

平成30年度 技能検定
1級 建築大工 学科試験問題
（大工工事作業）

1. 試験時間　1時間40分
2. 問題数　50題(A群25題、B群25題)
3. 注意事項
   （1）　係員の指示があるまで、この表紙はあけないでください。
   （2）　答案用紙(真偽法と多肢択一法の併用)に検定職種名、作業名、級別、受検番号、氏名を必ず記入してください。
   （3）　係員の指示に従って、問題数を確かめてください。それらに異常がある場合は、黙って手を挙げてください。問題はA群(真偽法)とB群(多肢択一法)とに分かれています。
   （4）　試験開始の合図で始めてください。
   （5）　解答の方法(真偽法と多肢択一法の併用)は次のとおりです。
   　　　イ．　A群の問題(真偽法)は、一つ一つの問題の内容が正しいか、誤っているかを判断して解答してください。
   　　　ロ．　B群の問題(多肢択一法)は、正解と思うものを一つだけ選んで、解答してください。二つ以上に解答した場合は誤答となります。
   　　　ハ．　答案用紙(マークシート用紙)へ解答する際は、答案用紙に記載されている注意事項に従ってください。
   　　　ニ．　答案用紙の解答欄は、A群の問題とB群の問題とでは異なります。所定の解答欄に、試験問題の題数に応じて解答してください。解答欄はA群は50題まで、B群は25題まで解答できるようになっています。
   （6）　電子式卓上計算機その他これと同等の機能を有するものは、使用してはいけません。
   （7）　携帯電話等は、使用してはいけません。
   （8）　試験中、質問があるときは、黙って手を挙げてください。ただし、試験問題の内容、漢字の読み方等に関する質問にはお答えできません。
   （9）　試験終了時刻前に解答ができあがった場合は、黙って手を挙げて、係員の指示に従ってください。
   （10）　試験中に手洗いに立ちたいときは、黙って手を挙げて、係員の指示に従ってください。
   （11）　試験終了の合図があったら、筆記用具を置き、係員の指示に従ってください。

[A群(真偽法)]

1　洋小屋組は、和小屋組よりもスパンの大きい小屋組には適さない。

2　かわらぶき屋根の勾配は、一般に、はり間の大きい建築物ほど急な勾配にする。

3　壁筋かいは、鉛直方向と水平方向の割合を3：1で設けるのが最もよい。

4　補強コンクリートブロック造の縦筋の入っていない縦目地に接する空洞部には、コンクリートやモルタルを充てんしなくてもよい。

5　下図のうち、片持ちばりを表しているものは、図Bである。

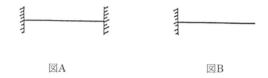

図A　　　　　　　　　　　　図B

6　法隆寺は、飛鳥様式を代表する建築物である。

7　そり軒において、たる木上端の切墨の見通し線は、真上から見た場合、直線にならない。

8　下図の谷隅木上端に出すたすき墨で、入中と本中芯とを結んだ墨は、長玄の返し勾配である。

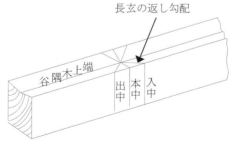

9　出隅木の峠とは、たる木の下端墨と入中が交わった箇所のことである。

10　桁の棒隅木(真隅木)が落ちがかる勾配と、柱への棒隅木(真隅木)差し口の下端墨の勾配は、同じである。

11　角のみ盤で通し穴を掘る場合、一般に、材の片面から掘り、穴を貫通させるのがよい。

[A群(真偽法)]

12　工程表を作成するときは、天候による作業不能を考慮する必要がある。

13　単管足場の筋かいの取り合い金具には、直交型クランプを使用してもよい。

14　やりかた貫は、基礎天端と同じ高さに取り付ける。

15　布基礎における捨てコンクリートの厚さは、一般に、底盤の厚さの一部とみなす。

16　木工事の土台の継手には、一般に、腰掛けあり継ぎ、腰掛け鎌継ぎが適している。

17　通し柱と胴差しの取合いの仕口は、傾ぎ大入れ短ほぞさし、羽子板ボルト締めとすることもある。

18　排水トラップは、水の流れをよくするためのものである。

19　かんなで仕上げた木材を養生する場合、テープを化粧材に直接貼っても影響はない。

20　セメントには、水と反応して固まる性質がある。

21　湿気の多い1階の床下地に合板を使用する場合、普通合板1類、構造用合板特類又は1類を使用するとよい。

22　下図の3方向のうち、最も収縮率が大きいのは、A方向である。

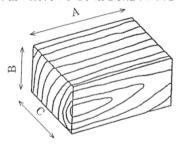

23　日本工業規格(JIS)の建築製図通則によれば、下図はシャッターを表す。

[A群(真偽法)]

24　建築基準法関係法令によれば、住宅の居室の採光に有効な部分の面積は、原則として、その居室の床面積に対し、1/7以上としなければならないと規定されている。

25　労働安全衛生法関係法令によれば、高さ2m以上の場所に設ける作業床は、つり足場の場合を除き、幅は、30cm以上とし、床材間の隙間は、4cm以下とすることと規定されている。

[B群(多肢択一法)]

1　日本建築のたる木の名称において、ます組に使われるたる木として、正しいものはどれか。
　　イ　飛えんだる木
　　ロ　地だる木
　　ハ　尾だる木
　　ニ　扇だる木

2　次の記述のうち、誤っているものはどれか。
　　イ　小屋束とは、棟木、母屋を支える材料である。
　　ロ　間柱は、大壁用と真壁用では、一般に、大きさが違う。
　　ハ　管柱とは、各階ごとに使用する柱である。
　　ニ　大壁造とは、柱が表に表れる構造である。

3　床の間の施工に関する記述として、誤っているものはどれか。
　　イ　落し掛けの高さは、内法の高さ(鴨居の高さ)に揃える。
　　ロ　床柱のたけのこ木目は、柱幅の3倍程度の高さがよい。
　　ハ　床框を、床柱に取り付けるには、柱に欠き込んで取り付ける。
　　ニ　床框と床板は、引きどっこで取り付ける。

4　鉄筋コンクリート構造に関する記述として、誤っているものはどれか。
　　イ　定着とは、一方の部材の鉄筋を他方の部材のコンクリート中に伸ばして抜けないようにすることをいう。
　　ロ　鉄筋とコンクリートの付着強度は、丸鋼よりも異形鉄筋の方が高い。
　　ハ　はりの鉄筋のうち、あばら筋(スターラップ)は、主としてはりに生じる曲げモーメントに対する補強のために使用される。
　　ニ　スラブとは、一般に、鉛直荷重を支える鉄筋コンクリート造の厚い床版のことをいう。

5　等分布荷重を表す図として、正しいものはどれか。

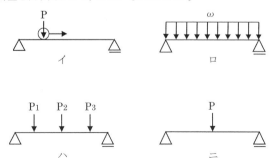

［B群(多肢択一法)］

6　神社仏閣の様式で唐破風が付いているものはどれか。
　　　イ　流れ造り
　　　ロ　春日造り
　　　ハ　神明造り
　　　ニ　八幡造り

7　下図の基本図の図中にない名称は、次のうちどれか。

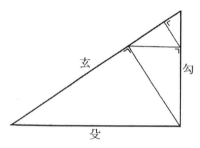

　　　イ　小殳
　　　ロ　中勾
　　　ハ　小中勾
　　　ニ　欠勾

8　入隅木の峠の位置として、正しいものはどれか。
　　　イ　隅木側面で、たる木下端線と入中の交点である。
　　　ロ　隅木側面で、たる木下端線と本中の交点である。
　　　ハ　隅木側面で、たる木下端線と出中の交点である。
　　　ニ　隅木側面で、たる木下端線と中芯の交点である。

9 山勾配のある棒隅木(真隅木)上端における、たすき墨のさしがね使いとして、正しいものはどれか。

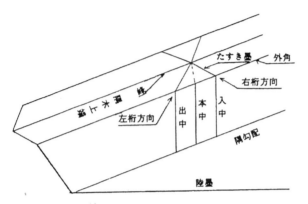

　　イ　長玄勾配と矩勾配
　　ロ　隅長玄勾配と長玄勾配
　　ハ　長玄勾配と長玄の返し勾配
　　ニ　長玄勾配と平勾配

10 棒隅木(真隅木)に取り合う広小舞の向留めのさしがね使いとして、正しいものはどれか。
　　イ　隅中勾の返し勾配
　　ロ　中勾の返し勾配
　　ハ　長玄の返し勾配
　　ニ　平勾配の返し勾配

11 棒隅木(真隅木)の上端に出す鼻隠し当り角度のさしがね使いとして、正しいものはどれか。
　　イ　中勾と隅長玄
　　ロ　長玄と殳
　　ハ　殳と短玄
　　ニ　欠勾と隅殳

12 水平と鉛直の角度を測定する器工具として、正しいものはどれか。
　　イ　水盛りタンク
　　ロ　トルクレンチ
　　ハ　ランマー
　　ニ　トランシット

［B群(多肢択一法)］

13　木造2階建て住宅の横架材の建方順序として、正しいものはどれか。
　　　イ　土台　→　胴差し　→　小屋ばり　→　軒桁
　　　ロ　土台　→　母屋　　→　軒桁　　　→　棟木
　　　ハ　土台　→　胴差し　→　2階ばり　→　母屋
　　　ニ　土台　→　小屋ばり　→　母屋　　→　軒桁

14　文中の(　　)内に当てはまる数値として、正しいものはどれか。
　　　労働安全衛生法関係法令によれば、高さ2m以上で階段を設けない仮設足場の登りさん橋の勾配は、(　　)°以下とされている。
　　　イ　25
　　　ロ　30
　　　ハ　35
　　　ニ　40

15　一般に使用されている墨付けにおいて、にじり印を表す記号として、正しいものはどれか。

　　　イ　　　　　　　ロ　　　　　　　ハ　　　　　　　ニ

16　基礎工事に関する記述として、誤っているものはどれか。
　　　イ　基礎の底面は、建設地域の凍結深度よりも深くする。
　　　ロ　布基礎は、一体の鉄筋コンクリート造を標準とする。
　　　ハ　アンカーボルトのコンクリートへの埋め込み長さは、250mm以上とする。
　　　ニ　外周部の布基礎には、間隔6mごとに有効換気面積300cm²未満の床下換気孔を設ける。

17 下図の継手のうち、いすか継ぎはどれか。

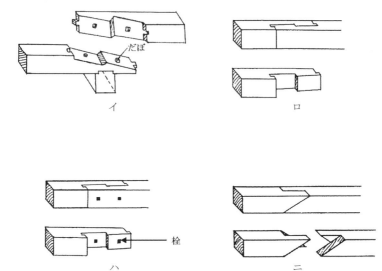

18 木造建築物の耐震、耐風に関する構造計画として、誤っているものはどれか。
　　イ　屋根ふき材は、軽量のもので下地に緊結できるものがよい。
　　ロ　2階建ての建築物において、広い部屋を造る場合は、階下に設ける方がよい。
　　ハ　2階建ての建築物では、間仕切壁を階上階下同じ位置に造った方がよい。
　　ニ　壁は、真壁造よりも大壁造の方が耐震性のある構造にしやすい。

19 木工事に関する記述として、誤っているものはどれか。
　　イ　敷桁の継手位置は、柱上で追掛け大栓継ぎとする。
　　ロ　陸ばりは、敷桁へ渡りあご掛けとし、継手は添え板当てボルト締めとする。
　　ハ　たる木の継手位置は、母屋上で乱継ぎとし、くぎ打ちとする。
　　ニ　棟木と真束の仕口は、輪なぎほぞとする。

20 塗装工事において、材料の節止め及びヤニ止めに使用するものとして、適切なものはどれか。
　　イ　ラッカー
　　ロ　シンナー
　　ハ　ボイル油
　　ニ　セラックニス

［B群(多肢択一法)］

21 建築材料に関する記述として、適切でないものはどれか。
 イ インシュレーションボードは、床材として使用される。
 ロ ALCパネルは、主に外壁材として使用される。
 ハ せっこうボードは、壁や天井の下地材として使用される。
 ニ 硬質木片セメント板は、屋根野地板として使用される。

22 集成材に関する記述として、誤っているものはどれか。
 イ 一般木材よりも狂いが生じにくい。
 ロ 一般木材よりも伸縮が大きい。
 ハ 一般木材よりも長尺及び断面の大きいものができる。
 ニ 一般木材よりも強度が優れている。

23 日本工業規格(JIS)の建築製図通則によれば、木材及び木造壁における化粧材を表す材料構造表示記号として、正しいものはどれか。

  イ   ロ   ハ   ニ

24 建築基準法関係法令における、筋かいに関する規定として、誤っているものはどれか。
 イ 筋かいは、その端部を、柱とはりその他の横架材との仕口に接近してボルト、かすがい、くぎ、その他の金物で緊結しなければならない。
 ロ 圧縮力を負担する筋かいは、厚さ3cm以上で幅9cm以上の木材を使用したものとしなければならない。
 ハ 引張り力を負担する筋かいは、厚さ1.3cm以上で幅9cm以上の木材を使用したものとしなければならない。
 ニ 筋かいをたすき掛けにするために必要な補強を行う場合を除き、筋かいに欠込みをしてはならない。

25 文中の( )内に当てはまる数値として、正しいものはどれか。
 労働安全衛生法関係法令によれば、脚立の脚と水平面の角度は、( )°以下と規定されている。
 イ 80
 ロ 75
 ハ 70
 ニ 60

平成29年度 技能検定
1級 建築大工 学科試験問題
（大工工事作業）

1. 試験時間　　1時間40分
2. 問題数　　　50題(A群25題、B群25題)
3. 注意事項
   （1）　係員の指示があるまで、この表紙はあけないでください。
   （2）　答案用紙(真偽法と多肢択一法の併用)に検定職種名、作業名、級別、受検番号、氏名を必ず記入してください。
   （3）　係員の指示に従って、問題数を確かめてください。それらに異常がある場合は、黙って手を挙げてください。問題はA群(真偽法)とB群(多肢択一法)とに分かれています。
   （4）　試験開始の合図で始めてください。
   （5）　解答の方法(真偽法と多肢択一法の併用)は次のとおりです。
   　　　イ．　A群の問題(真偽法)は、一つ一つの問題の内容が正しいか、誤っているかを判断して解答してください。
   　　　ロ．　B群の問題(多肢択一法)は、正解と思うものを一つだけ選んで、解答してください。二つ以上に解答した場合は誤答となります。
   　　　ハ．　答案用紙(マークシート用紙)へ解答する際は、答案用紙に記載されている注意事項に従ってください。
   　　　ニ．　答案用紙の解答欄は、A群の問題とB群の問題とでは異なります。所定の解答欄に、試験問題の題数に応じて解答してください。解答欄はA群は50題まで、B群は25題まで解答できるようになっています。
   （6）　電子式卓上計算機その他これと同等の機能を有するものは、使用してはいけません。
   （7）　携帯電話等は、使用してはいけません。
   （8）　試験中、質問があるときは、黙って手を挙げてください。ただし、試験問題の内容、漢字の読み方等に関する質問にはお答えできません。
   （9）　試験終了時刻前に解答ができあがった場合は、黙って手を挙げて、係員の指示に従ってください。
   （10）　試験中に手洗いに立ちたいときは、黙って手を挙げて、係員の指示に従ってください。
   （11）　試験終了の合図があったら、筆記用具を置き、係員の指示に従ってください。

[A群(真偽法)]

1 木造建築物の柱の断面寸法は、横架材間の垂直距離により決める。

2 2階建て木造建築物に生じる地震力は、1階よりも2階の方が大きい。

3 建築基準法関係法令によれば、木材の断面寸法が30mm×90mmの筋かいを柱及び横架材に緊結する場合、筋かいプレート、ボルト及び釘を使用しなければならないと規定されている。

4 鉄筋コンクリート造及び鉄骨鉄筋コンクリート造は、一般に架構式構造である。

5 等分布荷重が加わった単純ばりでは、はり中央部に生じるせん断力は最大になる。

6 神明造は、妻入り形式である。

7 長玄と中勾が等しい場合は、短玄も同じ長さになる。

8 下図は、棒隅谷木上端のたすき墨のさしがね使いを表したものである。

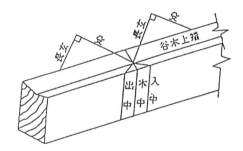

9 柱建て四方転びで、柱のくせを取った場合、貫の上端胴付きは、長玄の勾配である。

10　下図の正角に墨をしたa-bの墨は、隅勾配である。

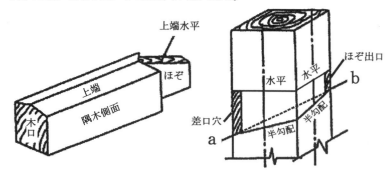

11　軟材をかんなで削る場合、かんな刃は、硬材を削るかんなの仕込み勾配よりも急勾配にするとよい。

12　バーチャート工程表(横線工程表)は、各専門工事相互の関係が明確である。

13　建築基準法関係法令によれば、建築工事を行う際に仮囲いを設ける場合の高さは、地盤面から1.8m以上とされている。

14　水盛り・遣方で使用する水杭の打込み間隔は、約1.8mである。

15　基礎に埋設するアンカーボルトの位置は、土台継手の上木部分の端部に近い方がよい。

16　間柱と筋かいとの取合い部は、間柱を筋かいの厚さだけ欠き取るとよい。

17　はり、桁などの側面に取り合う火打ちばりは、傾ぎ大入れほぞさしとし、ボルト締めにするとよい。

18　アスファルトルーフィングを野地面上に敷き込む場合は、上下(流れ方向)は100mm以上の重ね合わせにするとよい。

19　柱に取付けている養生紙は、建て方が終われば剥がしてもよい。

20　左官下地材に使用されるワイヤラスには、ひし形、甲形などがある。

21　木材の圧縮強度は、繊維方向に対して直角に力を加えたときよりも、繊維方向に力を加えたときの方が弱い。

［A群(真偽法)］

22 わん曲のはりを製作する場合には、構造用集成材が適している。

23 矩計図を作成する場合の縮尺は、1/20よりも1/100の方が適している。

24 建築基準法関係法令によれば、住宅に附属する門及び塀は建築物ではない。

25 労働安全衛生法関係法令によれば、高さ2m以上の作業床において、墜落により労働者に危険を及ぼすおそれがある箇所に設ける手すりの高さは、75cm以上と規定されている。

1 在来軸組構法の主要構造部でないものはどれか。
    イ 軸組
    ロ 小屋組
    ハ 床組
    ニ 天井組

2 木造建築物の部材名称とそれを使用する場所との組合せとして、適切でないものはどれか。
    (部材名称) 　　　(使用場所)
    イ 筆返し ・・・・ 違い棚
    ロ 長押し ・・・・ 和室
    ハ 広小舞 ・・・・ 軒先
    ニ 面戸板 ・・・・ 天井

3 床の間の種類のうち、床框のある床はどれか。
    イ 本床
    ロ 踏込み床
    ハ 織部床
    ニ 蹴込み床

4 鉄骨造に関する記述として、誤っているものはどれか。
    イ 大スパンの構造に適している。
    ロ 鉄筋コンクリート工事と比べると、耐火性に劣る。
    ハ 一般に、RC造と呼ばれる。
    ニ 超高層建築物の建設に適している。

5 建築物に作用する荷重及び外力のうち、鉛直荷重でないものはどれか。
    イ 風圧力
    ロ 固定荷重
    ハ 積載荷重
    ニ 積雪荷重

6 伊勢神宮の建築様式はどれか。
    イ 大社造
    ロ 八幡造
    ハ 春日造
    ニ 神明造

[B群(多肢択一法)]

7　下図において、示されていない勾配はどれか。
　　イ　平勾配の半勾配
　　ロ　欠勾勾配
　　ハ　平勾配
　　ニ　中勾勾配

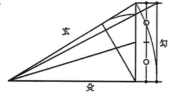

8　出隅木の峠の位置として、正しいものはどれか。
　　イ　隅木側面で、たる木下端線と中芯の交点である。
　　ロ　隅木側面で、たる木下端線と出中の交点である。
　　ハ　隅木側面で、たる木下端線と本中の交点である。
　　ニ　隅木側面で、たる木下端線と入中の交点である。

9　棒隅木(真隅木)のさしがね使いに関する記述として、誤っているものはどれか。
　　イ　隅木側面の直投墨は、殳と欠勾である。
　　ロ　隅木側面の立水墨は、隅殳と勾である。
　　ハ　配付けたる木の上端配付け墨は、殳と長玄である。
　　ニ　配付けたる木の立水墨は、殳と勾である。

10　隅木側面に出すたる木下端線として、正しいものはどれか。
　　イ　配付けたる木の成を、隅木上端外角から立水で出す。
　　ロ　配付けたる木の成を、隅木上端外角から直角で出す。
　　ハ　配付けたる木の立水寸法を、隅木上端外角から立水で出す。
　　ニ　配付けたる木の立水寸法を、隅木上端外角から直角で出す。

11　棒隅木(真隅木)の桁側面落がかり勾配として、適切なものはどれか。
　　イ　隅勾配
　　ロ　平勾配
　　ハ　半勾配
　　ニ　長玄勾配

12　手押かんな盤のテーブル調整として、正しいものはどれか。

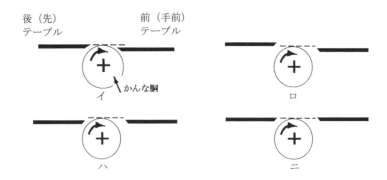

13　木工事における作業順序の組合せとして、正しいものはどれか。
　　イ　現寸矩計　→　刻み　　　→　墨付け　　　→　土台据え
　　ロ　土台据え　→　墨付け　→　刻み　　　　→　現寸矩計
　　ハ　現寸矩計　→　墨付け　→　刻み　　　　→　土台据え
　　ニ　墨付け　　→　刻み　　→　現寸矩計　　→　土台据え

14　下図の単管足場の名称として、誤っているものはどれか。
　　イ　中さん
　　ロ　建地
　　ハ　布
　　ニ　手すり

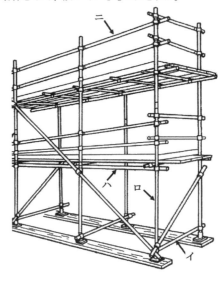

[B群(多肢択一法)]

15　一般に使用されている墨付けの合印の名称として、正しいものはどれか。

　　　　イ　水印　　　　ロ　にじり印　　　　ハ　芯印　　　　ニ　切印

16　基礎コンクリートの打込みに関する記述として、適切でないものはどれか。
　　イ　打込みに先立ち型枠に散水しておくとよい。
　　ロ　棒形振動機(バイブレータ)を使用する場合は、鉄筋に直接当てるとよい。
　　ハ　日本工業規格(JIS)によれば、レディーミクストコンクリートは、練混ぜを
　　　　開始してから、原則として、90分以内に荷卸しができるように運搬しなけれ
　　　　ばならないとされている。
　　ニ　高い位置から打込むとコンクリートが分離するため、なるべく低い位置から
　　　　打込むとよい。

17　継手とその使用箇所の組合せとして、適切でないものはどれか。
　　　　　（継手）　　　　　　（使用箇所）
　　イ　台持ち継ぎ　　・・・　土台
　　ロ　腰掛けあり継ぎ　・・・　母屋
　　ハ　追掛け大栓継ぎ　・・・　胴差
　　ニ　腰掛けかま継ぎ　・・・　桁

18　軸組工法用の接合金物の用途に関する記述として、誤っているものはどれか。
　　イ　ひねり金物は、柱と横架材の接合に使用される。
　　ロ　ホールダウン金物は、柱と基礎(土台)の接合に使用される。
　　ハ　羽子板ボルトは、通し柱と胴差の接合に使用される。
　　ニ　火打金物は、床組及び小屋組の隅角部の補強に使用される。

19　次の仕口のうち、重ねほぞはどれか。

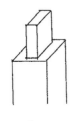　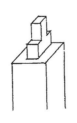　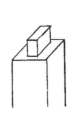　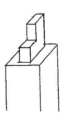

　　　　イ　　　　　　ロ　　　　　　ハ　　　　　　ニ

20　建具と鍵の組合せとして、正しいものはどれか。

　　　　　（建具）　　　　　　（鍵）
　　イ　開き戸　　　・・・　ねじ締り錠
　　ロ　引き戸　　　・・・　キャッチ錠
　　ハ　上げ下げ窓　・・・　戸当り付きラッチ錠
　　ニ　サッシ　　　・・・　クレセント

21　コンクリートに関する記述として、正しいものはどれか。
　　イ　水セメント比の大きいものほど、強度は高い。
　　ロ　強度は、材齢21日の圧縮強度で表す。
　　ハ　建築基準法関係法令において、準不燃材料として定められている。
　　ニ　セメント、水、骨材及び必要に応じて混和材料を練り混ぜたものである。

22　合板に関する記述として、適切でないものはどれか。
　　イ　コンクリート型枠用合板の規格は、日本農林規格(JAS)により規定されている。
　　ロ　普通合板は、木構造における耐力壁面材として使用できる。
　　ハ　普通合板は、一般に単板の繊維を互いに直交させ奇数枚合わせとしたものである。
　　ニ　合板は、木材のもつ方向による性質の違いを少なくした材料である。

23　日本工業規格(JIS)の建築製図通則によれば、木材及び木造壁の補助構造材を表す材料構造表示記号として、正しいものはどれか。

　　　　　イ　　　　　　ロ　　　　　　ハ　　　　　　ニ

24　文中の(　　)内に当てはまる数値として、正しいものはどれか。
　　建築基準法関係法令によれば、居室の天井の高さは、(　　)m以上でなければならないと規定されている。
　　イ　2.7
　　ロ　2.4
　　ハ　2.1
　　ニ　1.8

［B群(多肢択一法)］

25　文中の(　　)内に当てはまる数値として、正しいものはどれか。

　　労働安全衛生法関係法令によれば、高さ2m以上の作業場所に設ける作業床は、一側足場及びつり足場の場合を除き、幅は、(　　)cm以上とすることと規定されている。

　　イ　30
　　ロ　35
　　ハ　40
　　ニ　45

建築大工

正解表

令和元年度　2級　学科試験正解表
建築大工（大工工事作業）

真偽法

番号	1	2	3	4	5
正解	X	O	O	X	O

番号	6	7	8	9	10
正解	O	X	O	X	X

番号	11	12	13	14	15
正解	X	X	O	O	O

番号	16	17	18	19	20
正解	O	O	O	O	X

番号	21	22	23	24	25
正解	X	X	X	O	O

択一法

番号	1	2	3	4	5
正解	ニ	ロ	イ	ロ	ハ

番号	6	7	8	9	10
正解	ニ	イ	イ	ハ	ハ

番号	11	12	13	14	15
正解	イ	ロ	イ	ハ	ロ

番号	16	17	18	19	20
正解	イ	ロ	イ	ニ	ハ

番号	21	22	23	24	25
正解	ロ	ロ	イ	ハ	ニ

平成30年度　2級　学科試験正解表
建築大工（大工工事作業）

真偽法

番号	1	2	3	4	5
正解	X	O	O	X	X

番号	6	7	8	9	10
正解	O	O	O	X	O

番号	11	12	13	14	15
正解	O	X	O	X	X

番号	16	17	18	19	20
正解	O	X	X	O	X

番号	21	22	23	24	25
正解	O	X	X	O	O

択一法

番号	1	2	3	4	5
正解	ロ	イ	ニ	ロ	ハ

番号	6	7	8	9	10
正解	ハ	ロ	ニ	ハ	ハ

番号	11	12	13	14	15
正解	イ	ニ	ニ	ニ	イ

番号	16	17	18	19	20
正解	ロ	ハ	ロ	ハ	ニ

番号	21	22	23	24	25
正解	ロ	ハ	ハ	ハ	イ

平成29年度　2級　学科試験正解表
建築大工（大工工事作業）

真偽法

番号	1	2	3	4	5
解答	○	○	○	○	○

番号	6	7	8	9	10
解答	X	○	○	X	○

番号	11	12	13	14	15
解答	X	○	X	X	X

番号	16	17	18	19	20
解答	○	○	X	X	X

番号	21	22	23	24	25
解答	○	X	X	○	○

択一法

番号	1	2	3	4	5
解答	ニ	ロ	ハ	ロ	イ

番号	6	7	8	9	10
解答	ニ	イ	ニ	ハ	ハ

番号	11	12	13	14	15
解答	ハ	イ	ニ	ハ	イ

番号	16	17	18	19	20
解答	ロ	ニ	ロ	ハ	ハ

番号	21	22	23	24	25
解答	イ	ハ	ハ	イ	ロ

令和元年度　1級　学科試験正解表
建築大工（大工工事作業）

真偽法

番号	1	2	3	4	5
解答	○	✕	✕	○	✕

番号	6	7	8	9	10
解答	○	○	✕	✕	○

番号	11	12	13	14	15
解答	○	○	○	○	○

番号	16	17	18	19	20
解答	✕	✕	✕	✕	✕

番号	21	22	23	24	
解答	○	✕	✕	○	

択一法

番号	1	2	3	4	5
解答	ロ	ニ	イ	ハ	ニ

番号	6	7	8	9	10
解答	ニ	ニ	イ	ハ	イ

番号	11	12	13	14	15
解答	ハ	ニ	ロ	ロ	イ

番号	16	17	18	19	20
解答	イ	ハ	ロ	ハ	ニ

番号	21	22	23	24	25
解答	イ	ロ	ロ	ハ	ニ

平成30年度　1級　学科試験正解表
建築大工（大工工事作業）

真偽法

番号	1	2	3	4	5
正解	✕	○	✕	✕	○

番号	6	7	8	9	10
正解	○	○	✕	○	○

番号	11	12	13	14	15
正解	✕	○	✕	✕	✕

番号	16	17	18	19	20
正解	○	○	✕	○	○

番号	21	22	23	24	25
正解	○	✕	○	○	✕

択一法

番号	1	2	3	4	5
正解	ハ	ニ	イ	ハ	ロ

番号	6	7	8	9	10
正解	ニ	ニ	ハ	ハ	ロ

番号	11	12	13	14	15
正解	ロ	ニ	ハ	ロ	ニ

番号	16	17	18	19	20
正解	ニ	ニ	ロ	イ	ニ

番号	21	22	23	24	25
正解	イ	ロ	イ	ハ	ロ

平成29年度　1級　学科試験正解表
建築大工（大工工事作業）

真偽法

番号	1	2	3	4	5
解答	○	×	○	×	×

番号	6	7	8	9	10
解答	×	○	×	×	○

番号	11	12	13	14	15
解答	×	×	○	○	○

番号	16	17	18	19	20
解答	○	○	○	×	○

番号	21	22	23	24	25
解答	×	○	×	×	×

択一法

番号	1	2	3	4	5
解答	ニ	ニ	イ	ハ	イ

番号	6	7	8	9	10
解答	ニ	ロ	ニ	イ	ハ

番号	11	12	13	14	15
解答	ハ	イ	ハ	イ	ロ

番号	16	17	18	19	20
解答	ロ	イ	イ	ロ	ニ

番号	21	22	23	24	25
解答	ニ	ロ	ロ	ハ	ハ

・本書掲載の試験問題及び解答の内容につい
てのお問い合わせ等には、一切応じられま
せんのでご了承ください。
・試験問題について、都合により一部、編集
しているものがあります。

平成29・30・令和元年度

1・2級 技能検定　試験問題集　69　建築大工

令和2年9月　初版発行

監　修　中央職業能力開発協会

発　行　一般社団法人 雇用問題研究会

〒103-0002　東京都中央区日本橋馬喰町1-14-5 日本橋Kビル2階
TEL　03-5651-7071（代）　FAX　03-5651-7077
URL　http://www.koyoerc.or.jp

印　刷　株式会社ワイズ

223069

ISBN978-4-87563-668-7 C3000